AF366428

Fútbol:
TERCER/A JUGADOR/A

Concepto y 50 tareas para su entrenamiento

Manuel Jesús Crespo García

Título: FÚTBOL: TERCER/A JUGADOR/A. CONCEPTO Y 50 TAREAS PARA SU ENTRENAMIENTO
Autor: MANUEL JESÚS CRESPO GARCÍA
Corrección del texto: MANUELA CASTILLO SOLER

Editorial: WANCEULEN EDITORIAL
Sello Editorial: WANCEULEN EDITORIAL DEPORTIVA

ISBN (Papel): 978-84-18262-65-4
ISBN (Ebook): 978-84-18262-66-1

DEPÓSITO LEGAL: SE 1053-2020

Impreso en España. 2020

WANCEULEN S.L.
C/ Cristo del Desamparo y Abandono, 56 - 41006 Sevilla
Dirección web: www.wanceuleneditorial.com y www.wanceulen.com
Email: info@wanceuleneditorial.com

ÍNDICE

ACLARACIÓN DE EDITORIAL WANCEULEN

Este libro trata sobre el concepto y el entrenamiento de lo que en fútbol se ha conocido como "el tercer hombre". Como se podrá observar, desde Editorial Wanceulen, en un intento de integrar la realidad del fútbol femenino, hemos sustituido ese térmno por la expresión inclusiva "tercer/a jugador/a".

Para situarnos: no pretendemos con ello plantar una pica en Flandes, ni marcar un antes y un después. Aunque sea un cambio totalmente intencionado, somos humildemente conscientes de que, en la práctica, esto solo supondrá un gesto, aunque el tamaño de su repercusión no le reste importancia a la intención.

Como se verá, además del título, hemos modificado toda la redacción del documento para adaptarlo a esa realidad, de manera que la terminología contemple los dos géneros.

No es tarea fácil. El idioma español, al contrario que otros, no tiene apenas en su diccionario esos términos *comodín*, neutros en lo que a género se refiere, que sí tienen otros idiomas. La prueba de la dificultad está en que los intentos de adaptación lingüística, las diversas recopilaciones de normas para la creación o adaptación del lenguaje inclusivo, fruto de consensos de una amplitud mas o menos limitada, no se han concretado aún en consignas definitivas al respecto. Desde diversos foros se proponen diversas fórmulas de aplicación. Algunas de estas fórmulas, mas largas, redactan al completo los términos en los dos géneros (los jugadores y las jugadoras, los entrenadores y las entrenadoras...); otras fórmulas intermedias proponen el uso de caracteres auxiliares (jugadores/as, entrenadores-as...); y otras, más cortas, que facilitan la economía del lenguaje pero que chocan frontalmente con la fonética y con los sonidos existentes en nuestro lenguaje (l@s jugador@s, lxs entrenadorxs...) A ello se suma la duplicidad de género de los artículos que preceden, y del resto de componentes de las frases que también tengan que expresar un género u otro. En fin, entendemos que es aún una tarea inacabada, y en ello, la lingüística como disciplina y sus diversas ramas, y mas concretamente las instituciones académicas que la encabezan, tendrán que marcar la pauta y pronunciarse de manera unificada sobre ello. Hasta que esto no se produzca, la utilización generalizada y normalizada del lenguaje inclusivo, será una utopía. Pero el hecho de que sea difícil no es excusa para abandonar.

Mientras se unifican esos criterios, nosotros no hemos querido esperar, y hemos aprovechado el título de este libro proveniente de épocas en las que solo el hombre jugaba al fútbol, para poner nuestro grano de arena en visibilizar al fútbol femenino y darle su sitio en la redacción de este documento. A falta de consignas concretas sobre la especificidad de uso en cada caso, hemos utilizado varios métodos de los disponibles, según hemos creído idóneo. Utilizando una terminología que será familiar a todos aquellos y a todas aquellas que nos desenvolvemos en el deporte formativo: no nos juzguen el resultado, sino la intención y el esfuerzo.

EDITORIAL WANCEULEN

INTRODUCCIÓN

En la iniciación al mundo del entrenamiento es muy usual intentar encontrar una receta o una formula que resuelva nuestras necesidades y que cubra las posibles lagunas que tengamos en nuestro conocimiento o en nuestra capacidad.

La complejidad y diversidad del juego hacen que haya que tener un conocimiento del mismo para su enseñanza y para su aprendizaje en algunos casos.

El fútbol está evolucionando y van apareciendo nuevos conceptos con diversidad de interpretaciones atendiendo a las distintas corrientes a las que seamos más afines. No obstante, creo que todo se puede adaptar y se le puede sacar rendimiento siempre que tenga una buena argumentación y no nos dejemos atraer por dogmas.

Este libro de tareas no pretende ser una respuesta matemática a las necesidades que pueda tener un entrenador o una entrenadora para encontrar soluciones a los problemas que se le planteen. La intención es poder manejar recursos, adaptarlos a nuestra realidad de entrenamientos y que puedan introducirnos y orientarnos a conseguir en el entrenamiento los objetivos pretendidos.

He reducido el uso de material para simplificar y poder llegar a cualquier nivel de recursos, y que puedan ser llevadas a cabo en cualquier realidad, sin necesidad de unos materiales que dificulten su realización.

Existen distintos tipos de tareas para la mejora del dominio colectivo de cualquier medio que queramos que nuestro equipo maneje durante el desarrollo de los partidos. Atendiendo a la metodología empleada, la duración, los espacios, el número de jugadores... pueden variar para satisfacer nuestro modelo de juego.

A continuación, desarrollaré distintas tareas desde las más simples a las de mayor complejidad para poder trabajar el concepto del tercer hombre y que puedan formar parte de distintos modelos de juego ya que, atendiendo a las pretensiones de cada entrenador o entrenadora, y a la metodología a emplear, cada uno o cada una debe introducirlas donde considere oportuno. Estas tareas carecen de un contexto y de una estrategia operativa, para los cuales necesitarán adaptación por parte del entrenador o de la entrenadora a todas las variables que crea que pueden tener incidencia en el desarrollo del juego de su equipo y a las características del mismo.

Todas las tareas propuestas carecerán de un contexto propio, del rival, la competición y la situación para el desarrollo de la estrategia operativa y el modelo de juego.

Castellano y Casamichana (2016) proponen este cuadro para la clasificación de las tareas según los metros cuadrados por jugador o jugadora, y a las demandas a las que serán exigidas los jugadores o las jugadoras:

m^2 / jugador/a	1<2	3<4	5<7	8<10
<50	Fuerza		Recuperación	
<100	Fuerza		Recuperación	
<200	Frecuencia cardíaca		Velocidad	
>200	Frecuencia cardíaca		Velocidad	

En este libro se indicarán el número de jugadores o jugadoras y la división y distribución de los espacios. No obstante, para que la tarea se adapte a cada equipo, estado físico de los jugadores o de las jugadoras, modelo de juego y metodología, cada entrenador o entrenadora la deberá adaptar en cuanto a metros las distancias, los espacios e incluso en número de jugadores en algunos casos para tener un mejor desarrollo con su equipo.

Las tareas no tendrán límites de toques, contactos o golpeos para conseguir nuestro objetivo, ya que habrá jugadores o jugadoras que necesiten o decidan utilizar un número mayor por necesidades del juego, por condiciones técnicas o por condicionantes físicos de desarrollo. No obstante, al ser tareas abiertas, el entrenador o la entrenadora podrá condicionarlas si lo cree necesario u oportuno para conseguir los beneficios pretendidos conociendo la realidad a la que las va a exponer.

CONCEPTO DE TERCER HOMBRE / TERCER/A JUGADOR/A EN FÚTBOL

En el ámbito del fútbol existe una tendencia que intenta etiquetar todo y poner nombres a conceptos ya existentes o a momentos de juego para poder diferenciarlos.

En la actualidad, uno de los conceptos más afianzados y que forman parte ya del vocabulario necesario para el buen entendimiento y la comprensión del juego es el llamado concepto de "el tercer hombre", ya hoy "tercer jugador" o "tercera jugadora".

Este concepto tiene como "madre" al juego de posición, pero puede ser interpretado dentro de cualquier estilo o modo de juego y se le puede sacar rendimiento.

El juego de posición consiste en atraer al contrario, mediante el mantenimiento de la posesión del balón, para después encontrar jugadores o jugadoras más adelantados o adelantadas, liberando de la presión a las primeras líneas de jugadores o jugadoras, e ir avanzando hacia la portería contraria, todo esto generando espacios libres, ocupándolos y llegando en situaciones de superioridad a zonas de finalización.

Para el uso de esta tendencia, estrategia para afrontar los partidos, modelo de juego o concepción del mismo, el concepto de *tercer jugador o tercera jugadora* se hace fundamental para su desarrollo, la construcción del juego y para la consecución de sus objetivos.

En el libro *Senda de Campeones* de Martí Perarnau, Xavi explica lo que para él es el concepto del *tercer hombre*:

> *El tercer hombre es imposible de defender, imposible... Te explico lo que significa. Imagina a Piqué queriendo jugar conmigo, pero yo estoy marcado, tengo a un marcador encima, un tío muy pesado. Bien, pues está claro que Piqué no puede pasármela, es evidente, con lo que yo me aparto y me llevo al marcador conmigo.*

Entonces, Messi baja y pasa a ser el segundo hombre. Piqué es el 1º, Messi el 2º y yo el 3º. Yo tengo que estar muy al loro, eh.

Piqué, entonces juega con el 2º hombre, Messi, que se la devuelve, y en ese momento aparezco yo, dejo clavado a mi defensor, que se ha despistado, y Piqué me pasa la pelota totalmente desmarcado. Si el que me defiende está mirando el balón, no puede ver que me desmarco entonces aparezco y soy el tercer hombre. Ya hemos conseguido la superioridad. Esto es indefendible, es la escuela holandesa, es Cruyff. Es una evolución de los triángulos holandeses.

(Ante esta explicación, se entiende como tercer hombre a la acción en la que un jugador adelantado hace un desmarque de apoyo al compañero para poner de cara a la portería contraria a otro compañero que se encontraba marcado y no podía recibir el balón en condiciones favorables del poseedor. En la explicación de Xavi: A juega con B y B juega con A, C aparece desmarcado y recibe de A. En este ejemplo de hombre libre Piqué interviene 2 veces).

Xavi mueve los dedos con la misma agilidad que emplea en el campo para girar sobre sí mismo como una peonza y encara el hombre libre; «El hombre libre significa que siempre puedes buscar la superioridad, por más que el fútbol sea un deporte de 11 contra 11. Hay días que buscamos esa superioridad a partir de Víctor Valdés y eso aún tiene más mérito. A veces, los rivales nos aprietan tan arriba, y de manera tan intensa, que hacemos el 3 contra 2 incluso dentro del área con Valdés, Piqué, Busi o yo. Y, a partir de ese punto, ya puedes atacar con superioridad.

Buscar el hombre libre es, por ejemplo, que los centrales tengan el balón y uno de ellos siempre quede libre porque siempre tienes un defensa más que delanteros contrarios. En ese caso, Puyol sube, sube y sube hasta que le sale al paso un rival. Si quien le intenta frenar es mi marcador, entonces el hombre libre paso a ser yo. Si le sale al paso le marcador de Iniesta, Andrés es el hombre libre. Y así buscamos la superioridad en cualquier zona del campo. Haces un tres contra dos, lo ganas y ya tienes el hombre libre. Avanzamos posiciones.

(En este párrafo se deja claro el juego de posición de atraer para avanzar).

Hablamos del toco y me quedo; un concepto que rompe todas las normas tradicionales. En cualquier equipo y en todas las escuelas, los entrenadores enseñan a los niños una idea básica: toco y me voy; pero en el Barça también enseñan su opuesto: toco y me quedo; Xavi explica el por qué: «Mira, hoy en día el futbol es movimiento constante porque todo el mundo está muy bien físicamente y hay una intensidad muy alta. Si yo paso el balón y me quedo parado y tú me marcas, entonces no hay salida. Por eso se dice siempre lo de toca y sal; pues no, a veces es toca y sal; pero a veces, no. En ocasiones, haces ver que tiras una pared y, en ese caso, es toco y me quedo; depende del contrario. Por esta razón, cualquier jugador que viene a Can Barça tarda un mínimo de cuatro meses en adaptarse. Porque a veces es una cosa, pero a veces es la contraria, je je.

(Aquí nos habla de jugar desde el puesto y no en el puesto, para crear superioridades, atraer, fijar...).

Dani Guindos en su libro *Construcción metodológica del modelo de juego;* define el concepto como *"la intención de buscar a un compañero diferente al que se ha dado el pase, por la imposibilidad momentánea del juego para poder hacerlo directamente, entonces se juega con un segundo jugador quien sí podrá dejársela a un tercero, lo cual era nuestra idea inicial de pase"... "dejando este el balón de cara a un jugador diferente al que previamente había iniciado la acción, recibiendo de esta forma de cara y perfilado hacia la portería rival."*

Manu Rodríguez en el libro *Manual del juego de posición. Tendencia del fútbol español* escribe: *"el tercer hombre (o pared con descarga) ". (...) "...el poseedor de la pelota (primer hombre) quiere jugar con un compañero cuya línea de pase está tapada (tercer hombre), por lo que tendrá que jugar con un segundo hombre que pueda pasársela al tercero ya que al recibir tendrá una línea de pase disponible con este último hombre."*

El tercer hombre, para el juego de posición, consiste en que, si no puedes jugar con el compañero que está marcado o con la compañera que está marcada, o bien no tiene una situación favorable para recibir, el equipo generará una serie de movimientos de apoyo al poseedor o poseedora y a través de combinaciones simples y seguras de balón propiciará que el jugador o la jugadora que no se encontraba en disposición de recibir con ventaja, pueda recibir en situación favorable y progresar en el juego.

Para simplificarlo en una acción: A quiere jugar con B, que está marcada o no está en disposición de recibir, con lo que juega con C y genera que B pueda recibir en una situación más favorable bien desde C o desde A.

Si recibe desde A, muchos hablan de que no existe el concepto de tercer hombre y que es sólo una triangulación (escuela holandesa); para el entendimiento del juego de posición no es importante de quién reciba, el número de contactos o el tiempo que tarde en hacerse la jugada, lo importante es que se desarrolle el concepto y se aplique al juego. Esta afirmación sería como decir que una cobertura a un lateral sólo se la puede hacer el central contiguo, dentro de este intento por desglosar y definir todo lo que pase en el juego.

De todos modos, las tareas se pueden condicionar para que de alguna manera se dé la segunda estructura (en las que desarrollaremos, se verán las dos estructuras en muchas de las tareas). Concentrar la aparición del concepto del *tercer jugador / tercera jugadora*, en una estructura tan analítica y diseccionada, parece estar en contra de todos los principios de esta idea de juego ya que limitaría la capacidad creativa del jugador o de la jugadora, anteponiendo el método o la idea del entrenador o entrenadora a la capacidad del jugador o jugadora.

La concepción del juego de posición hace que se generen estructuras de juego con triángulos que facilitan estas combinaciones de balón. Las triangulaciones entre jugadores o entre jugadoras se hacen importantes para la consecución y el desarrollo del juego. Pero... ¿esto no se puede llevar a cabo con otra concepción de juego, por ejemplo, que utilice el contraataque o las transiciones rápidas para generar ocasiones de peligro? Y la acción descrita con anterioridad... ¿no se puede llevar a cabo con una concepción del juego directo, saltándonos la fase de creación de juego?

Todas las filosofías de juego y estilos del mismo tienen validez para conseguir resultados, siempre que sean lícitos y respeten las reglas del juego. Desvalorar una manera de jugar porque no sean tan vistosa o porque en su mayor parte no disponga del balón o lo "desprecie" no es argumento para decir que no juega bien. Juega a lo que sabe, a lo que entrena o a lo que su entrenador cree que es la mejor forma de conseguir resultados.

Por tanto, la utilización del concepto de *tercer jugador / tercera jugadora*, tan afianzada al juego de posición, puede ser entrenada para otras concepciones de juego, resulta beneficiosa para la consecución de resultados y para que los equipos jueguen bien a lo que quieran jugar.

El concepto del *tercer jugador / tercera jugadora* puede parecer un concepto de difícil desarrollo en la práctica de los entrenamientos, es importante conocerlo bien y tenerlo claro en nuestra mente para sacarle el máximo provecho. Desde la experiencia, no recomiendo su explicación académica a los jugadores o a las jugadoras, ya que su capacidad no tiene porqué ir acorde a sus cualidades dentro del campo o su edad de desarrollo puede no estar preparada para su comprensión académica. Pero sí para que lo entiendan dentro del desarrollo del juego como una solución o un medio para obtener ventajas en el mismo y, si su capacidad lo permite, darle una explicación más académica del concepto.

Hay una serie de ventajas en el entorno del juego que favorecen el desarrollo de este "principio o medio del juego" y su entrenamiento. Son las siguientes:

- Las estructuras de ataque tienen que estar bien definidas. Es necesario manejar dentro del esquema de juego diferentes alturas para que los jugadores o las jugadoras puedan partir de ellas para poder ocupar los espacios.

- Los triángulos y los cuadrados ayudarán como "puestos de partida".

- Jugar entre líneas rivales.

- Buscar progresar en el juego. Romper o traspasar líneas rivales con los pases para provocar que los jugadores o las jugadoras rivales no se perfilen bien en los marcajes y el balón provoque sus movimientos (errores).

- Movilidad constante del balón. Si el balón se para, propicia la interpretación del juego del rival, mientras que, si está en constante movimiento, la situación es cambiante y no tomará decisiones y las que tome serán provocadas.

- El jugador adelantado o la jugadora adelantada que recibe debe manejar los tiempos: lentos para atraer, más de dos contactos con el balón; rápidos para sorprender y desordenar, uno o dos contactos con el balón.

- Interpretar y ocupar bien los espacios dejados o creados por la situación del balón.

- Las permutas, los desdoblamientos, los desmarques, los relevos y todos los medios que evolucionen en cambios de posición y movilidad ayudarán a que sea efectivo.

- Los indicadores deben ser conocidos por los jugadores y las jugadoras para conseguir una "buena" toma de decisión, ya que harán que identifiquen la situación y la puedan resolver con solvencia.

SIMBOLOGÍA

Jugadores/as	● 4
Desplazamiento con balón	⟶
Desplazamiento del balón	┄┄┄⟶
JG	Jugador/a
JGS	Jugadores/as

TERCER/A JUGADOR/A
EN FÚTBOL

50
TAREAS PARA SU
ENTRENAMIENTO

Tarea N° 1	Objetivo Principal	Mejora del concepto de *tercer jugador / tercera jugadora*
	Jugadores/as	5

Explicación

JG número 1 jugará con el 3, que pondrá de cara a 2; cuando reciba, jugará con 4, que pasará 5 donde se inició la rueda de pases y se reiniciará el ciclo de nuevo.

Todos los/as JGS deberán estar perfilados para recibir atendiendo a la situación del balón.

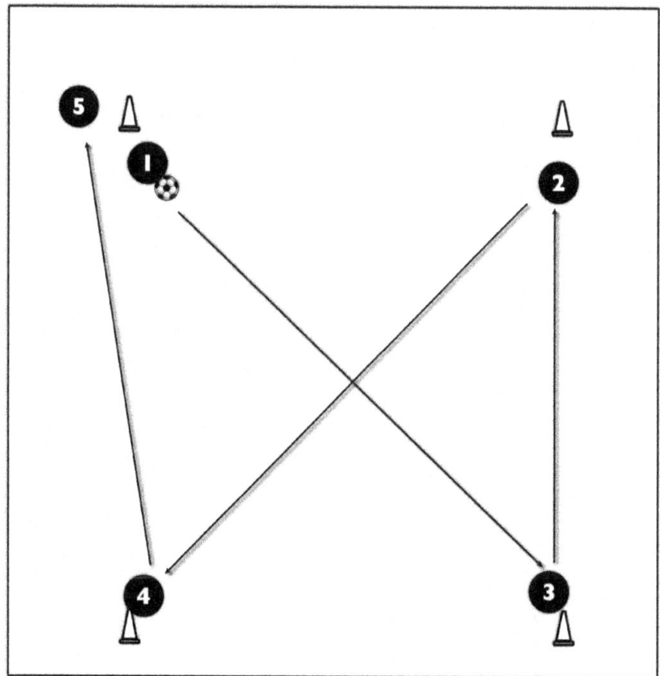

Tarea Nº 2	Objetivo Principal	Mejora del concepto de *tercer jugador / tercera jugadora*
	Jugadores/as	6

Explicación

JGS situados por detrás de los conos o siluetas, pasarán el balón y cuando vayan a recibir, se adelantarán. 1 pasa a 2, 2 pasa a 3, 3 pasa a 4, 4 pasa a 5 y 5 pasa a 6 que inicia la rueda de pases.

Cuando pasan, se dirigen al cono o silueta donde pasaron y van pasando por todos los puestos.

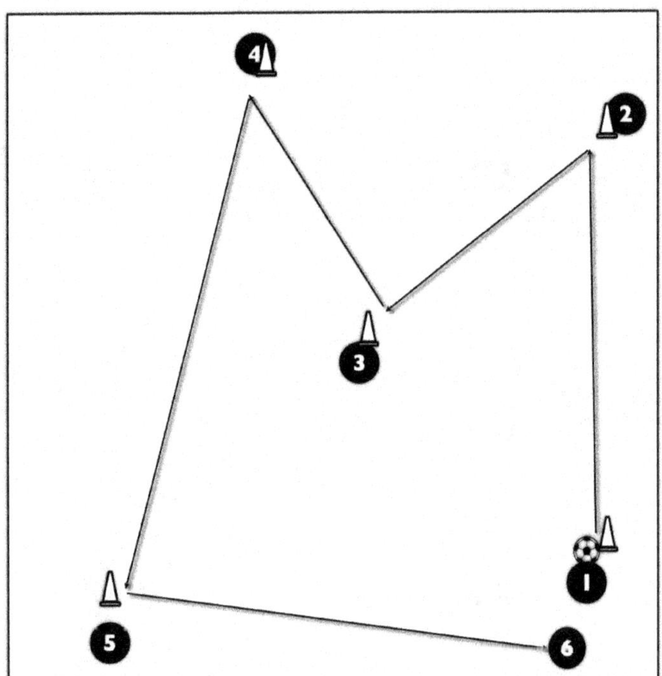

Tarea N° 3	Objetivo Principal	Mejora del concepto de *tercer jugador / tercera jugadora*
	Jugadores/as	4

Explicación

En la disposición de la imagen, rueda de pases con la secuencia: 2-3-2-4-3-4-5.

La rotación será: 2-3-4-5-2.

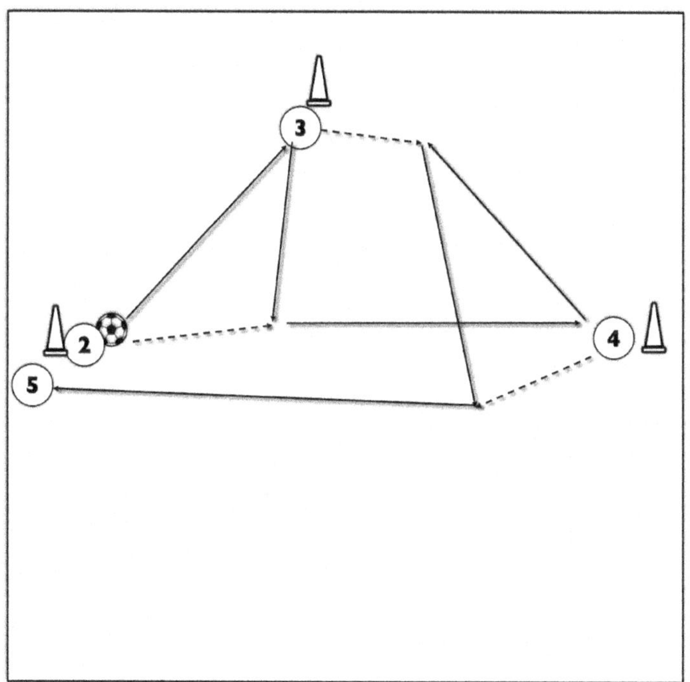

Tarea N° 4	Objetivo Principal	Mejora del concepto de *tercer jugador / tercera jugadora*
	Jugadores/as	6

Explicación

En la disposición de la imagen y todos/as detrás de los conos o siluetas menos donde parte el balón, pasarán el balón y se "anticiparán" al cono o silueta cuando les pasen el balón para controlar y pasar.

La rotación para pasar será: 2-3-4-5-6-7.

Cuando pasen se dirigirán al cono donde pasaron el balón

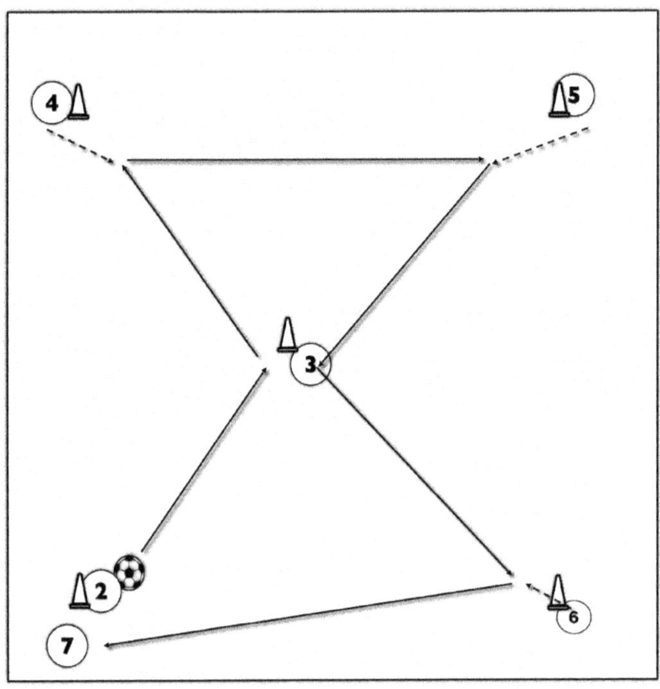

Tarea N° 5	Objetivo Principal	Mejora del concepto de *tercer jugador / tercera jugadora*
	Jugadores/as	7

Explicación

JGS situados como en la imagen, siguen la siguiente secuencia de pases: 1-2-1-3-4-5-4-6-7. Partiendo siempre por detrás del cono o silueta, al que se adelantan bien perfilados para recibir y pasar.

La rotación será 1-2-3-4-5-6-7.

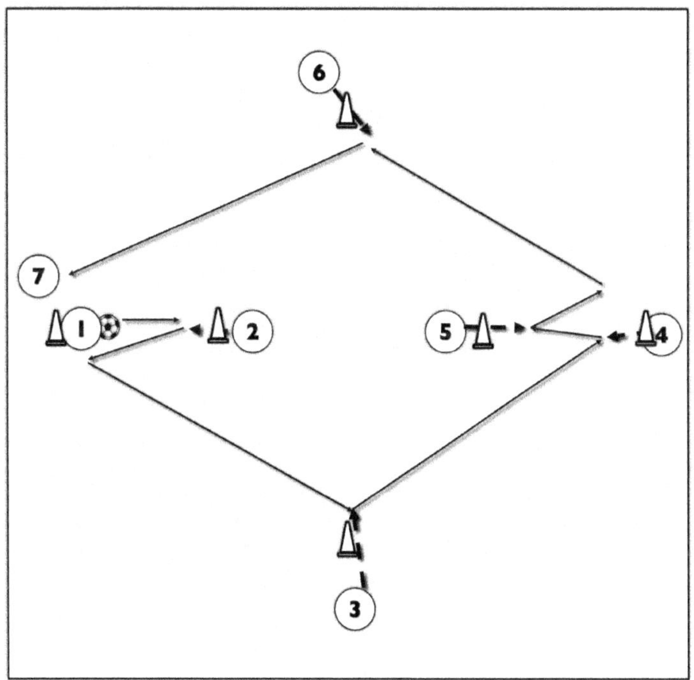

Tarea N° 6	Objetivo Principal	Mejora del concepto de *tercer jugador / tercera jugadora*
	Jugadores/as	6

Explicación

JG 3 pasará a 5, que pondrá de cara a 4, que pasará a 6, que vuelve a pasar a 5 que pasa a 7, que cuando recibe pasa a 8 y se inicia de nuevo la rueda de pases.

JGS irán rotando las posiciones en la progresión 3-4-5-6-7-8-3.

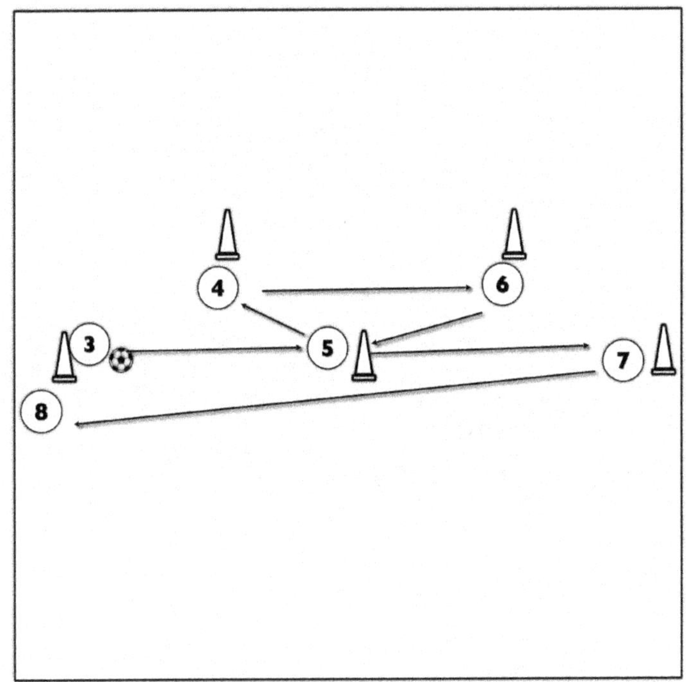

Tarea N° 7	Objetivo Principal	Mejora del concepto de *tercer jugador / tercera jugadora*
	Jugadores/as	7

Explicación

Formando un hexágono como en la imagen, JG número 1 jugará con el 3, que pondrá de cara a 2, que cuando reciba, jugará con 4, este/a pasará a 6 que jugará de cara con 5 para pasar a 7 que estará donde se inició la rueda de pases.

JGS se irán perfilando para recibir atendiendo a la posición del balón.

La rotación será 1-2-3-4-5-6-7-1

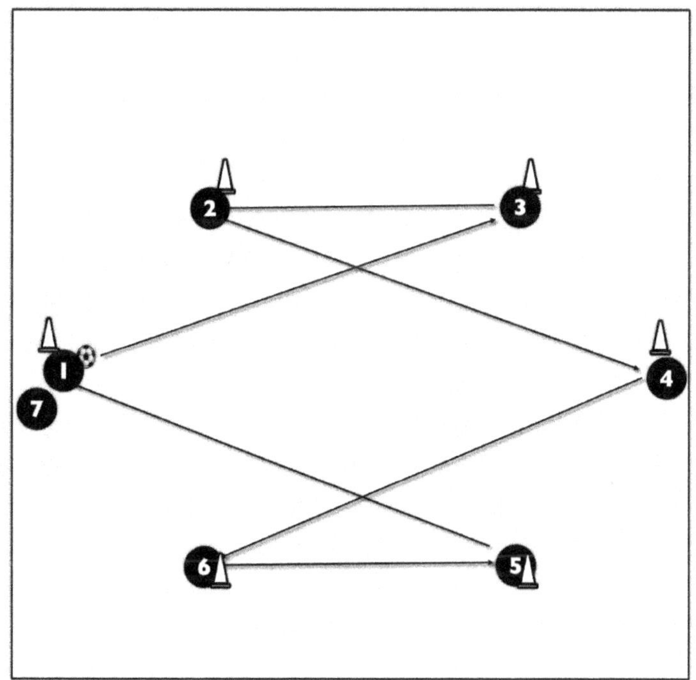

Tarea N° 8	Objetivo Principal	Mejora del concepto de *tercer jugador / tercera jugadora*
	Jugadores/as	7

Explicación

JGS situados como en la imagen, siguen la siguiente secuencia de pases. 1-2-1-3-2-3-4-5-4-6-5-6-7.

La rotación será 1-2-3-4-5-6-7.

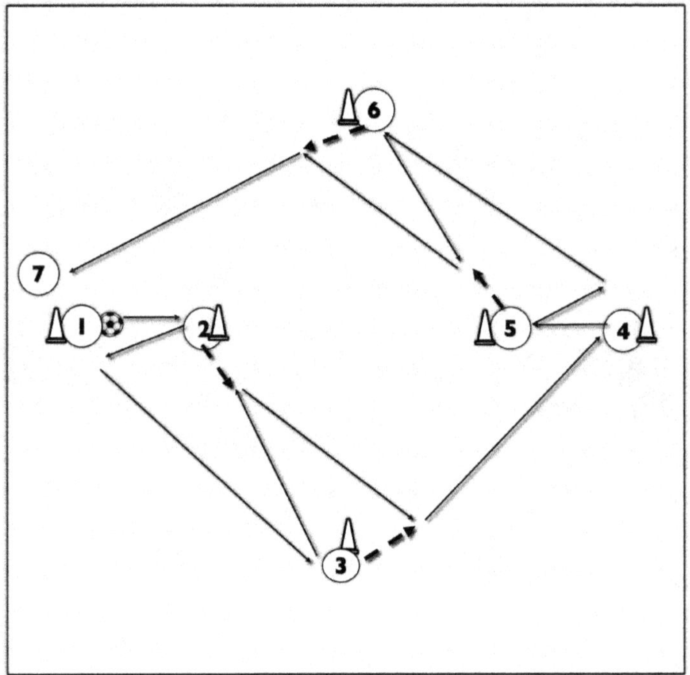

Tarea N° 9	Objetivo Principal	Mejora del concepto de *tercer jugador / tercera jugadora*
	Jugadores/as	3

Explicación

En la disposición de la figura 1, JG 2 pasa a 1 y se va al cono lateral, 1 pasa a 3 y 3 le devuelve el balón y se va al cono del centro. 1 pasa a 2, que le devuelve el balón y se va a donde partió 3 y 3 se vuelve perfilado a donde se encuentra 2.

La evolución de la figura 1 nos lleva a la figura 2 en la que JG 3 pasa a 2 y se va al cono lateral, 2 pasa a 1 y 1 le devuelve el balón y se va al cono del centro. 2 pasa a 3, que le devuelve el balón y se va a donde partió 1 y 2 pasa a 1 y se vuelve perfilado a donde se encuentra 3.

La evolución de la figura 2, nos lleva a la figura 3 en la que JG 1 pasa a 3 y se va al cono lateral, 3 pasa a 2, 2 le devuelve el balón y se va al cono del centro. 3 pasa a 1, que le devuelve el balón y se va a donde partió 3 y 1 pasa a 2 que se vuelve perfilado a donde se encuentra 1.

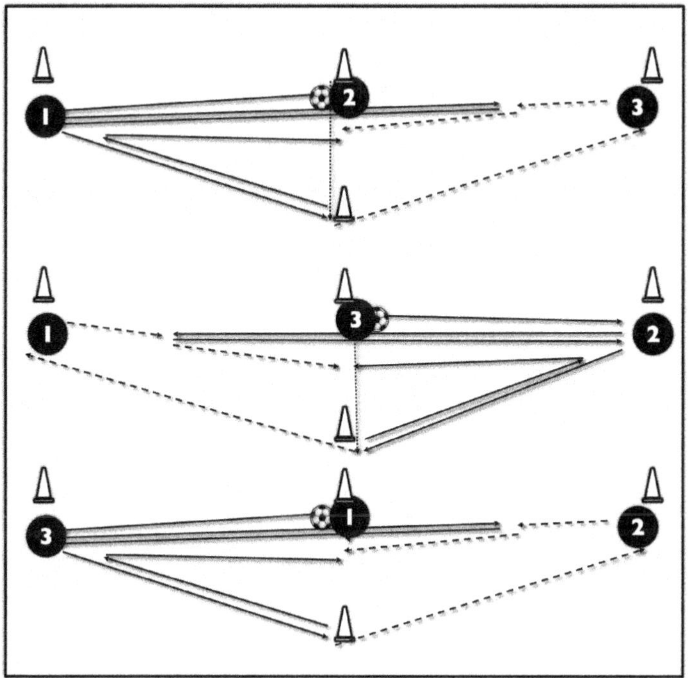

Tarea **N° 10**	**Objetivo** **Principal**	Mejora del concepto de *tercer jugador / tercera jugadora*
	Jugadores/as	5+Portero/a

Explicación

JG 2 pasa a 3, 3 devuelve a 2 y se va al cono de la derecha o el de la izquierda, 4 se dirigirá al lado contrario al que lo haga 3, para recibir allí, pasar a 3 y que tire a portería.

JGS estarán siempre bien perfilados atendiendo a la posición del balón.

La rotación será 2-3-4-5-6-2 para cambiar las funciones.

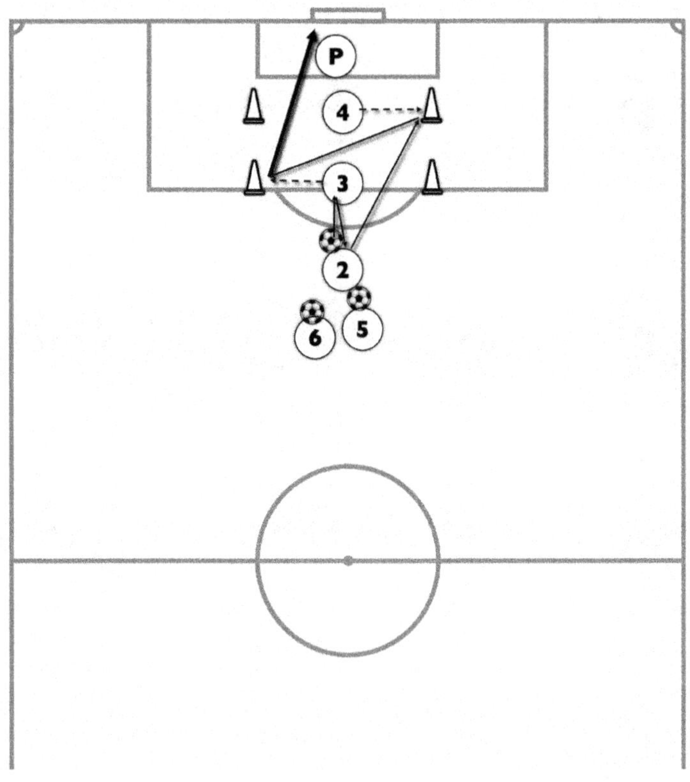

Tarea N° 11	Objetivo Principal	Mejora del concepto de *tercer jugador / tercera jugadora*
	Jugadores/as	4+ Portero/a

Explicación

Los dos JGS del pasillo interior se pasan la pelota entre los conos, los exteriores salen hacia la portería por fuera del pasillo y los interiores les pasan el balón cuando tengan posibilidad. El que recibe se acerca a la portería para tirar y el que no recibe intenta impedir que tire.

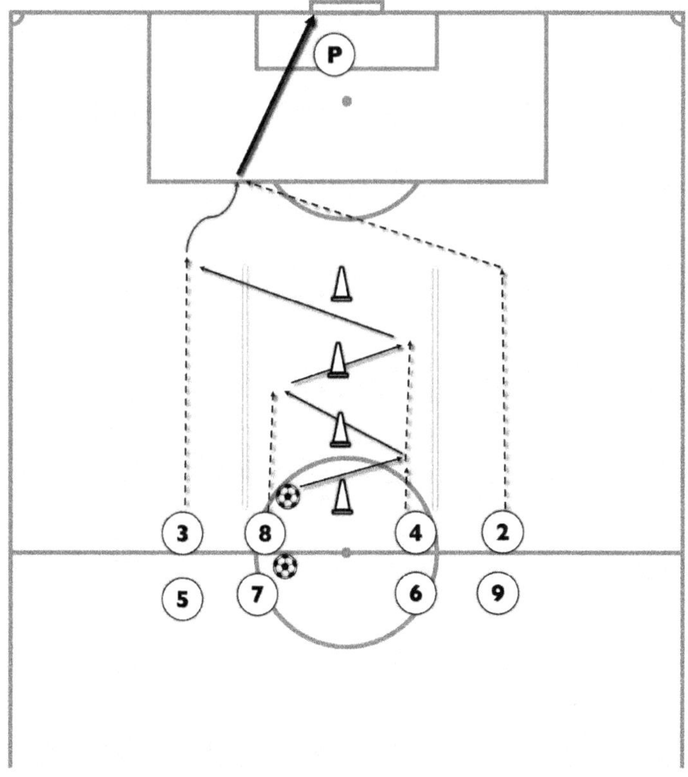

Tarea Nº 12	Objetivo Principal	Mejora del concepto de *tercer jugador / tercera jugadora*
	Jugadores/as	5+Portero/a

Explicación

JG 2 pasa a 4 y se va hacia el cono de la derecha para rodearlo e irse en dirección a la portería, 3 se desplaza hacia la línea cuando pasa 2 y recibe de 4 que lo pone de cara a la portería, 3 pasa a 6 para que ponga de cara a 5 que salió hacia la línea y cuando recibe pasa a 2 para que finalice.

En todo el desarrollo de la acción, JGS han de estar bien perfilados para poder recibir.

La rotación será : 2-6-5-4-3-2

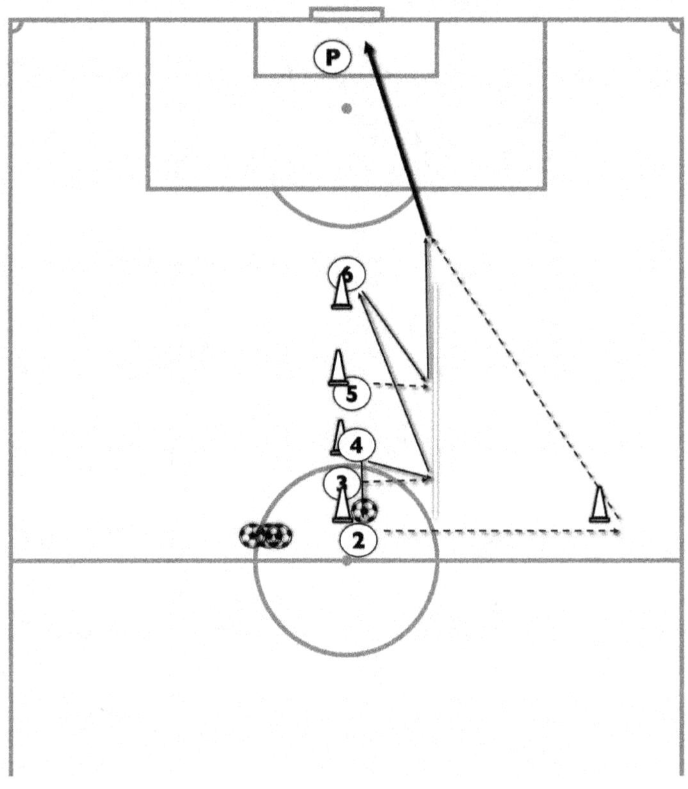

Tarea N° 13	Objetivo Principal	Mejora del concepto de *tercer jugador / tercera jugadora*
	Jugadores/as	16 (6+3x7)
	Explicación	

En un hexágono se juega 6+3 contra 7 en la disposición de la imagen. Los que tienen la pelota y están por fuera pasan el balón junto con los del centro y los 7 que están entre ellos intentan anticipar o interceptar el balón. Si alguno lo hace, cambia el rol con el que perdió el balón.

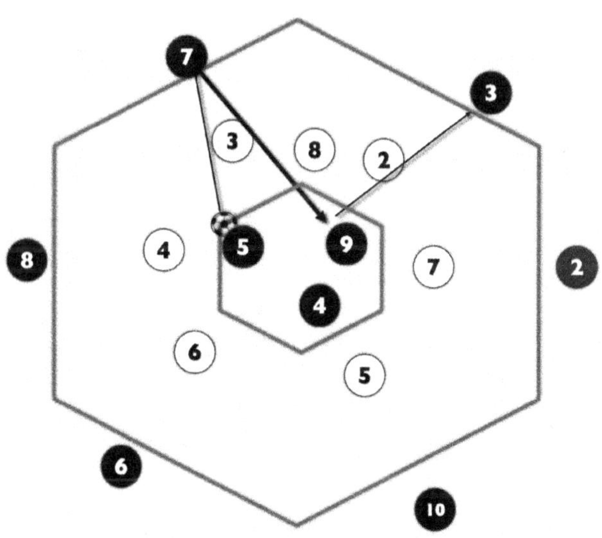

Tarea Nº 14	Objetivo Principal	Mejora del concepto de *tercer jugador / tercera jugadora*
	Jugadores/as	12 (4x4+4)
	Explicación	

Jugarán 4 contra 4 en el interior del cuadrado y habrá 4 comodines exteriores que participarán con el equipo poseedor del balón, sin poder meterse dentro del cuadrado. Cuando reciban pasarán a otro/a JG distinto del que recibieron el balón.

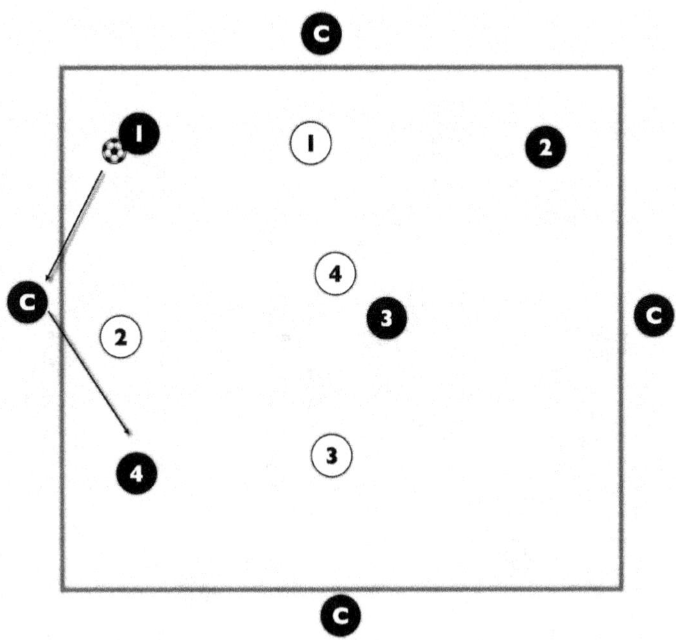

Tarea N° 15	Objetivo Principal	Mejora del concepto de *tercer jugador / tercera jugadora*
	Jugadores/as	9 (4x4+1)

Explicación

Jugarán 4 contra 4 en el interior del cuadrado y habrá 1 comodín dentro de un cuadrado interno que participará con el equipo poseedor del balón, sin poder meterse dentro del cuadrado ningún otro/a JG. Cuando reciba pasará a otro/a JG diferente de quien recibieron el balón.

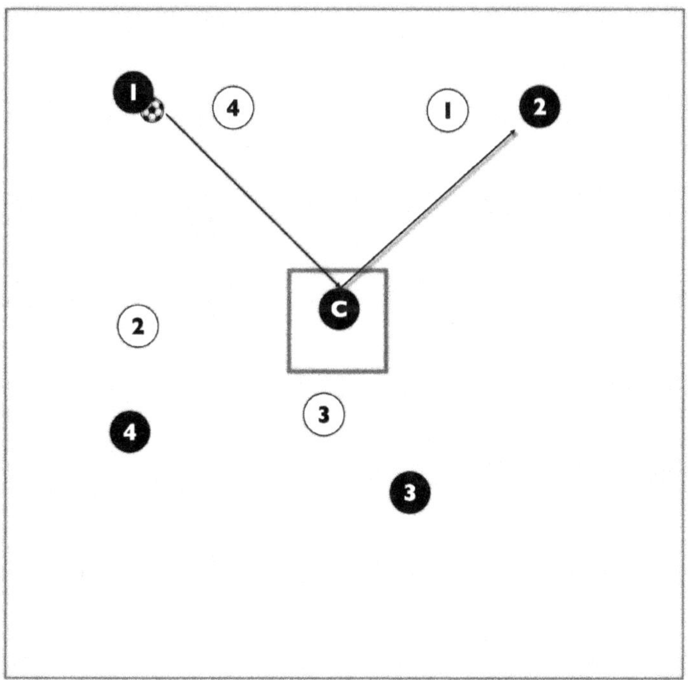

Tarea N° 16	Objetivo Principal	Mejora del concepto de *tercer jugador / tercera jugadora*
	Jugadores/as	11 (4x4+3)

Explicación

En un rectángulo y en la disposición de la imagen, juegan 4 contra 4 en con un comodín interno y dos externos. El equipo que está por fuera mantendrá la posesión de balón jugando con los comodines. Los comodines no podrán devolverle el balón a JG que se la pasó. Si el equipo interior recupera, cambia el rol y con el exterior.

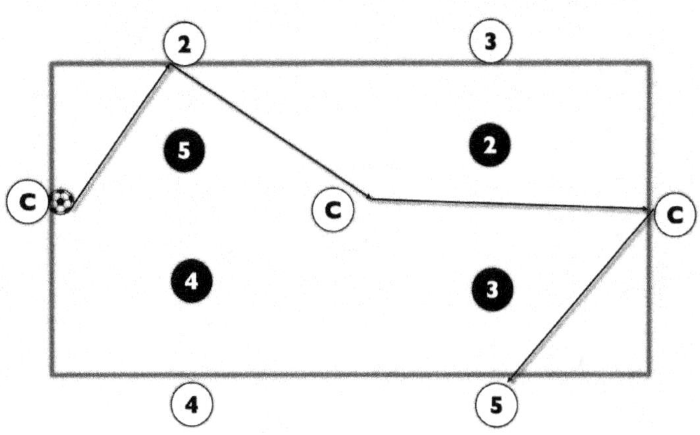

Tarea N° 17	Objetivo Principal	Mejora del concepto de *tercer jugador / tercera jugadora*
	Jugadores/as	10 (4+1x4+1)

Explicación

En un cuadrado dividido en dos partes un equipo tiene que mantener el balón en una mitad con un/a JG de apoyo en la línea que no puede devolver al compañero que le pasó el balón.

El otro equipo cuando recupera, juega con el compañero que estaba en la otra mitad, el que le pasó el balón, se colocará en la línea divisoria como apoyo y JG que perdió el balón se quedará a la espera (en la mitad donde partió) a que su equipo recupere en la otra mitad y juague con él.

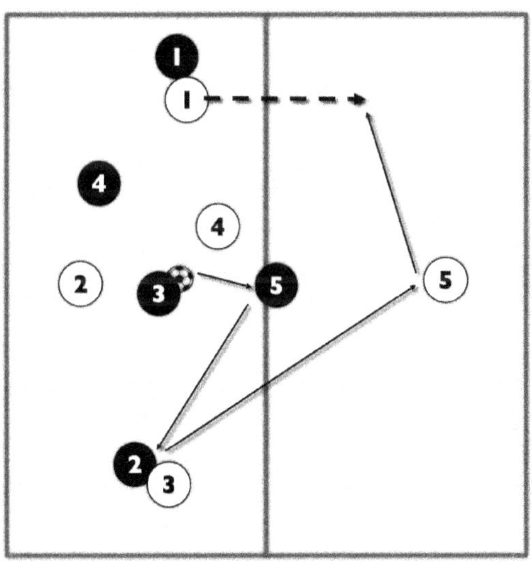

Tarea N° 18	Objetivo Principal	Mejora del concepto de *tercer jugador / tercera jugadora*
	Jugadores/as	14 (5x5+4)
Explicación		

Jugarán 5 contra 5 en el interior del cuadrado y habrá 4 comodines exteriores que participarán con el equipo poseedor del balón, que cambiaran los rol con JG que les pase el balón (entrando a participar los comodines y colocarse como apoyo JG que le pasó el balón). Cuando un equipo recupera el balón, los comodines vuelven a su posición inicial.

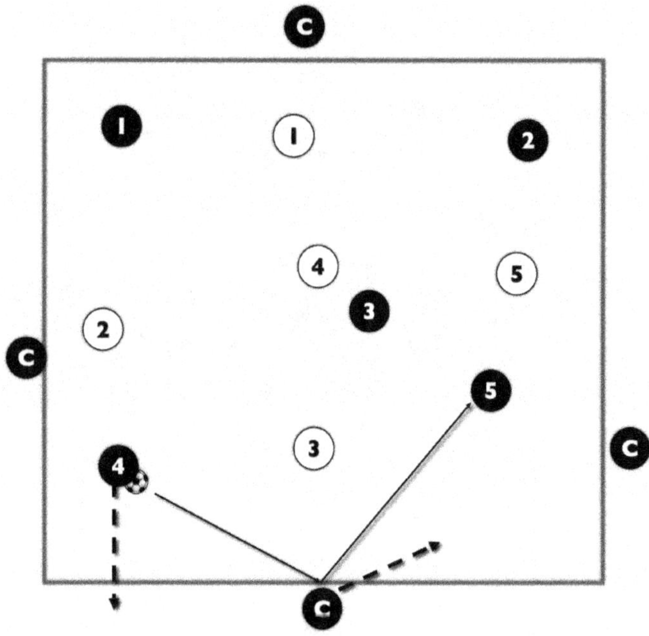

Tarea N° 19	Objetivo Principal	Mejora del concepto de *tercer jugador / tercera jugadora*
	Jugadores/as	9 (4x4+1)

Explicación

En un cuadrado dividido en dos partes y con JGS distribuidos como en la imagen. Un equipo tiene que mantener el balón en una mitad y el otro en la otra. El comodín participará con el equipo que no tiene balón, que cuando recupera (el equipo), pasa al compañero que se encontraba en la otra mitad, que no podrá jugar con JG que se la pasó y se llevarán el balón a la otra mitad.

El equipo que perdió el balón, dejará un/a JG en la mitad en la que se partió para cuando recuperen poder llevarlo de igual modo.

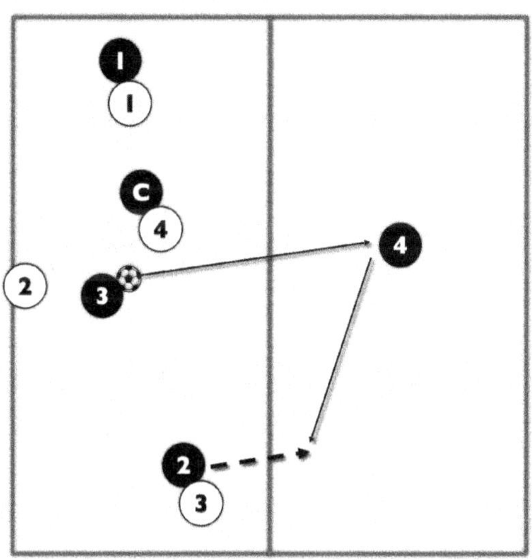

Tarea N° 20	Objetivo Principal	Mejora del concepto de *tercer jugador / tercera jugadora*
	Jugadores/as	18

Explicación
En un rectángulo dividido en 6 partes iguales distribuidos JGS como en la imagen. Cada equipo tendrá que mantener la posesión de balón no pudiendo jugar nunca con ningún compañero de su misma división.

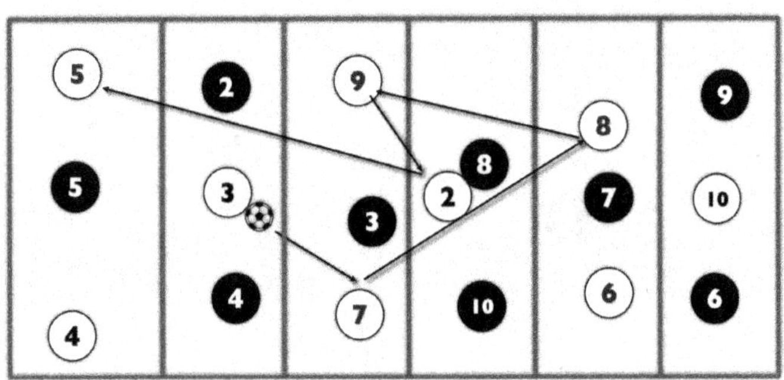

Tarea N° 21	Objetivo Principal	Mejora del concepto de *tercer jugador / tercera jugadora*
	Jugadores/as	16 (6x6+4)

Explicación

En un rectángulo dividido en tres campos iguales, los equipos se colocarán en la disposición de la imagen. JGS no pueden abandonar su zona, pudiendo cambiar el balón de una zona a otra para mantener la posesión. Los comodines participarán con el equipo poseedor del balón, no pudiendo cambiar ellos la pelota de cuadrado.

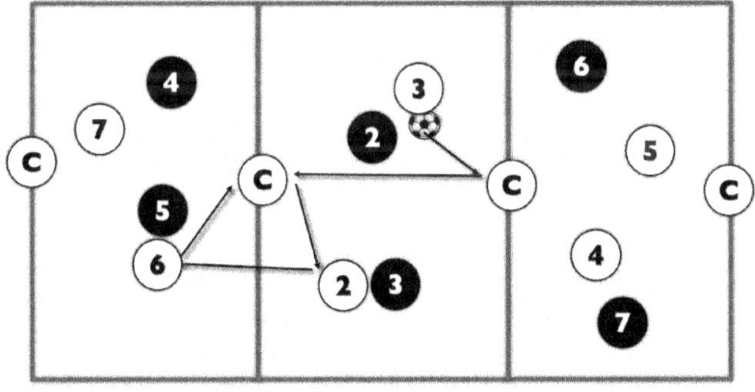

Tarea N° 22	Objetivo Principal	Mejora del concepto de *tercer jugador / tercera jugadora*
	Jugadores/as	8 (3+1x3+1)

Explicación

En un cuadrado dividido en dos partes, los equipos intentan mantener la posesión con la estructura de la imagen. JG de cada equipo que está en la línea lateral solo la podrá abandonar cuando el balón lo tenga el contrario en su mitad, no pudiendo los rivales entrarle a JG cuando esté en la línea y su equipo tenga posesión del balón (solo anticipar e interceptar) .

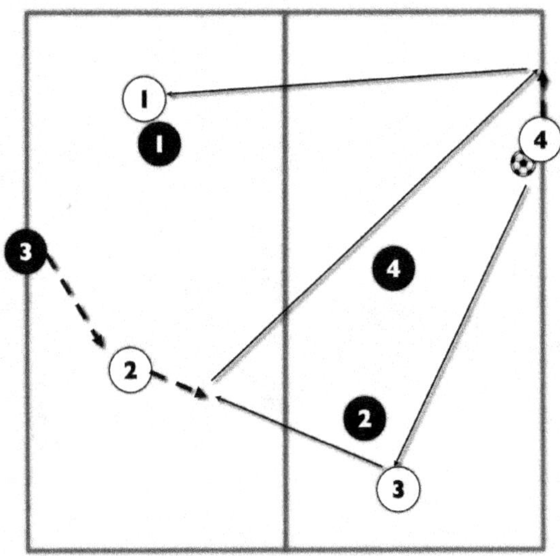

Tarea Nº 23	Objetivo Principal	Mejora del concepto de *tercer jugador / tercera jugadora*
	Jugadores/as	8 (4x4)

Explicación

En un cuadrado dividido en dos partes un equipo tiene que mantener el balón en una mitad y el otro en la otra. Cuando se recupera el balón se juega con el compañero que estaba en la otra mitad (que será presionado por el que estaba fuera del cuadrado del equipo que comenzó con la posesión), este pasará a un compañero distinto al que se la pasó. Se irán ambos equipos a jugar al nuevo espacio, dejando el que la recuperó un/a JG fuera y el que tiene que robar, dejará uno en la mitad en la que se partió para recibir cuando su equipo recupere.

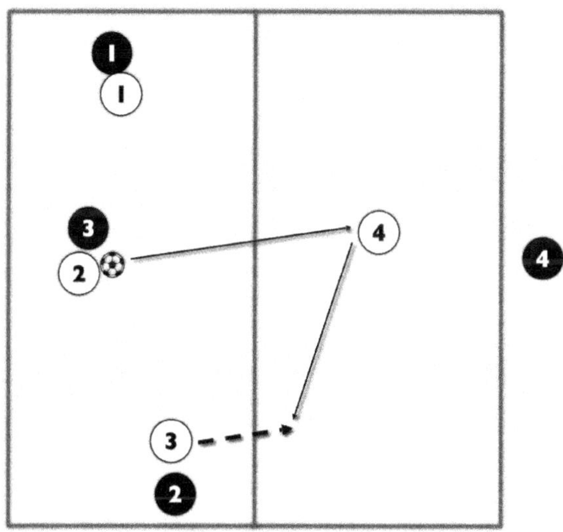

Tarea Nº 24	Objetivo Principal	Mejora del concepto de *tercer jugador / tercera jugadora*
	Jugadores/as	10 (3+1+3x3)

Explicación

En un rectángulo dividido en dos cuadrados, el comodín se sitúa en el centro y los tres equipos como en la imagen. Se juega 4 contra 3 en un cuadrado, JGS que tienen el balón solo podrán entrar en el cuadrado cuando el comodín juegue con ellos e intenten cambiar al otro cuadrado. Cuando el balón pasa al otro cuadrado, los que roban pasan al mismo. El equipo que recupera, asume el rol del que perdió el balón.

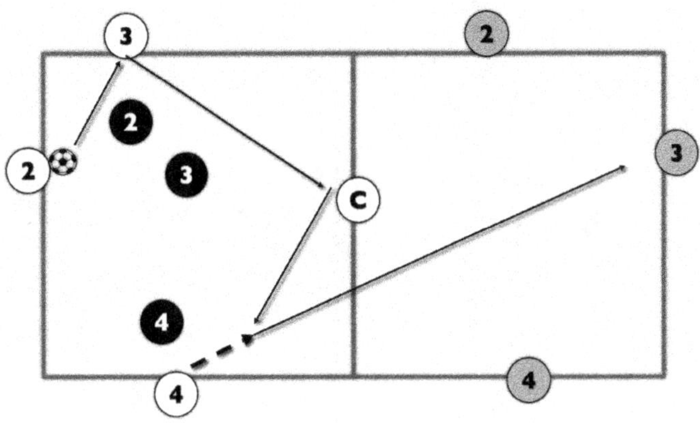

Tarea N° 25	Objetivo Principal	Mejora del concepto de *tercer jugador / tercera jugadora*
	Jugadores/as	17 (8x8+C)

Explicación

En un rectángulo dividido en dos cuadrados, con un pasillo central, el comodín se sitúa en el pasillo y los equipos se reparten 4 contra 4 en cada cuadrado, apoyados por el comodín cuando tienen la posesión de balón como en la imagen. El comodín no podrá cambiar el balón de cuadrado.

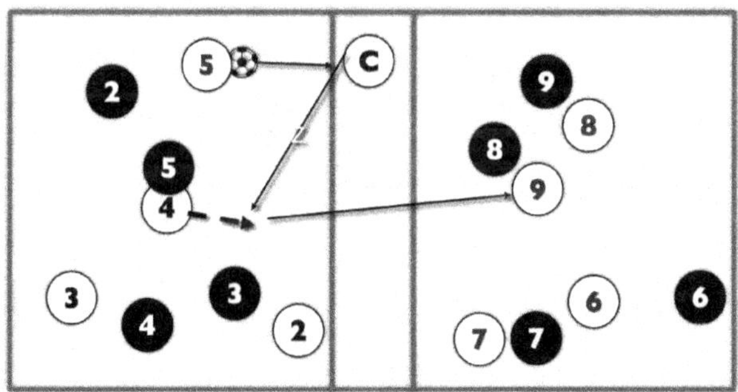

Tarea Nº 26	Objetivo Principal	Mejora del concepto de *tercer jugador / tercera jugadora*
	Jugadores/as	18

Explicación

En un rectángulo dividido en 8 partes iguales distribuidos JGS como en la imagen (2 en cada cuadrado, uno de cada equipo) y los comodines sobre las líneas). Cada equipo tendrá que mantener la posesión de balón no pudiendo pasar a JG del que recibió y apoyándose en los comodines que tendrán libertad de movimientos.

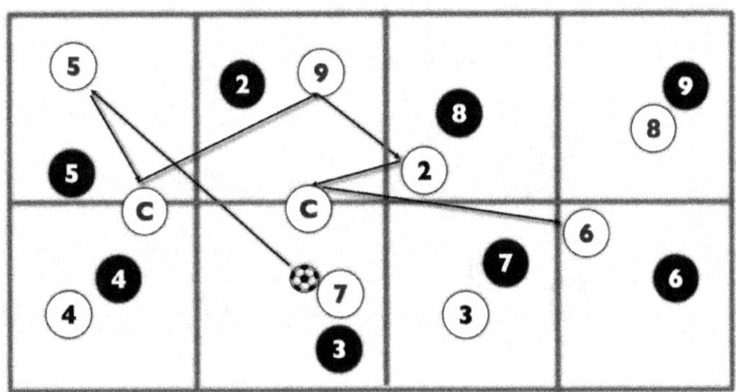

Tarea N° 27	Objetivo Principal	Mejora del concepto de *tercer jugador / tercera jugadora*
	Jugadores/as	17 (8x8+C)

Explicación

En un rectángulo dividido en dos cuadrados, con un pasillo central, el comodín se sitúa en el pasillo y los equipos se reparten 4 contra 4 en cada cuadrado, apoyados por el comodín cuando tienen la posesión de balón como en la imagen. El comodín no podrá devolver el balón a JG que le pasó.

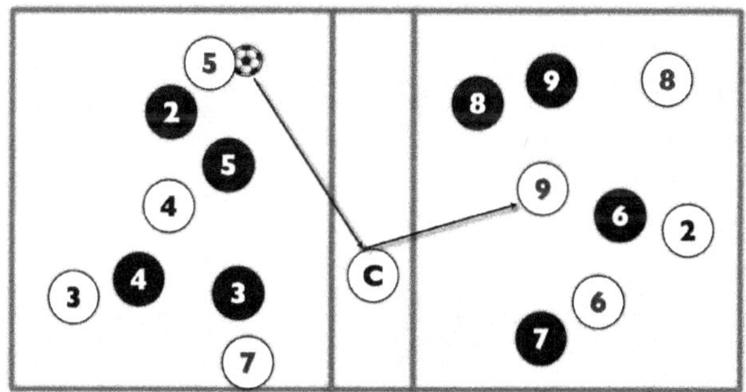

Tarea N° 28	Objetivo Principal	Mejora del concepto de *tercer jugador / tercera jugadora*
	Jugadores/as	15 (5x5x5)

Explicación

En un rectángulo dividido en dos cuadrados, con un pasillo central, los equipos se distribuyen como en la imagen. Cuando el quipo negro pierde el balón el blanco pasa a un compañero del pasillo central que devuelve para que puedan pasar al equipo que estaba esperando en el otro cuadrado. El equipo que perdió el balón (negro) se situará como estaba el blanco para cuando recuperen (3 dentro para robar y dos en el pasillo) en el otro cuadrado, blanco se colocará con 4 en el cuadrado y 1 en el pasillo (como estaba el negro al inicio), para que cuando negro recupere, juegue de nuevo con blanco.

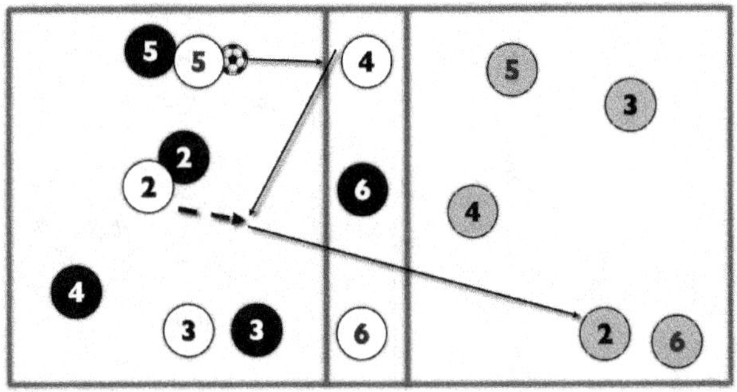

Tarea N° 29	Objetivo Principal	Mejora del concepto de *tercer jugador / tercera jugadora*
	Jugadores/as	12 (6x6)

Explicación

En un rectángulo dividido en tres campos iguales, los equipos se colocarán en la disposición de la imagen. El equipo blanco intentará tener el balón en el campo 3 y el quipo negro intentará que se juegue en el campo 1 (el campo dos será "de paso"). Cada equipo intentará jugar con JG que está en la línea divisoria de los campos para pasar a su campo. Cuando este reciba se irá meterá en el campo campo donde quieren jugar y uno de los del campo 2 ocupará su lugar. Cuando el otro equipo recupere, jugará con JGS del campo 2 para que jueguen con el de la otra línea y llevarse el balón a su campo.

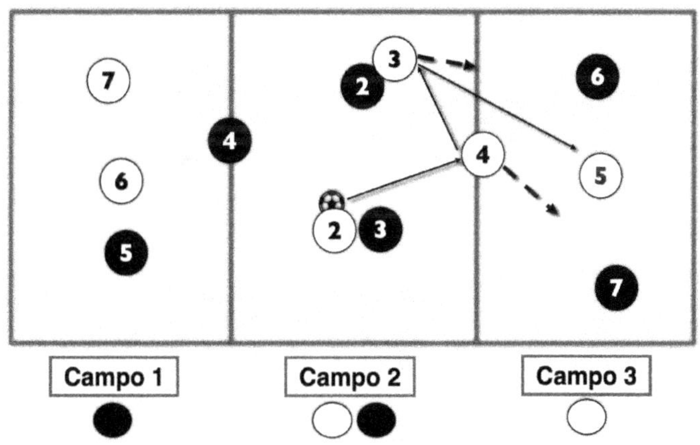

Tarea N° 30	Objetivo Principal	Mejora del concepto de *tercer jugador / tercera jugadora*
	Jugadores/as	22

Explicación

En la disposición de la imagen. Pasan 4 contra 2 en cada cuadrado (menos en uno que pasan el balón entre ellos mientras llegan de otro cuadrado), no pudiendo pasar más de dos veces seguidas con el mismo compañero. Cuando roban, sale el balón o se comete una infracción, los dos últimos en tocar el balón irán a robar al cuadrado que no tenga nadie robando y los que robaron asumirán el rol de los que mantenían.

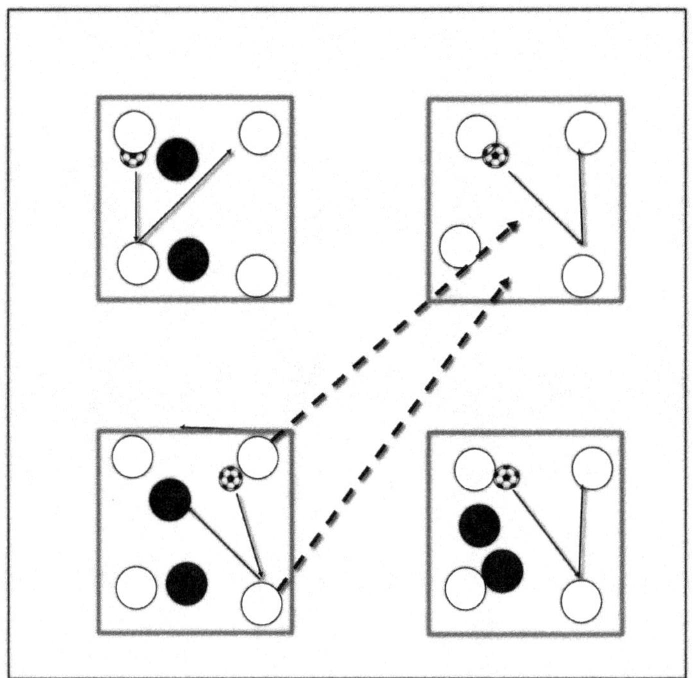

Tarea Nº 31	Objetivo Principal	Mejora del concepto de *tercer jugador / tercera jugadora*
	Jugadores/as	14 (4x3+2x4+P)

Explicación

JGS se distribuyen como en la imagen. Juegan 4 (equipo blancos) contra 3 (equipo negro) en un cuadrado. Cuando recupera el equipo negro salen del cuadrado y pasan a 8 o 9 que pondrán de cara a un compañero y todo el equipo negro atacará la portería que defienden 4 JGS y portero/a.

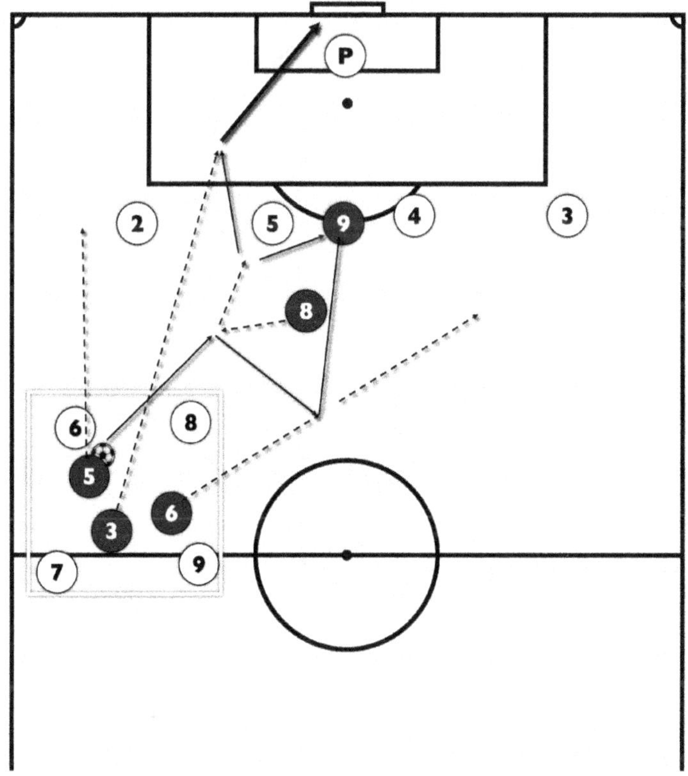

Tarea N° 32	Objetivo Principal	Mejora del concepto de *tercer jugador / tercera jugadora*
	Jugadores/as	10 (4+Px+4+1)

Explicación

JGS se distribuyen como en la imagen. Juegan 4 (equipo blancos) contra 4 (equipo negro) en un cuadrado. Cuando recupera el equipo negro salen del cuadrado todos los/as JGS (negros para atacar y blancos para defender) y pasan a 9 que pondrá de cara a un compañero y todo el equipo negro atacará la portería.

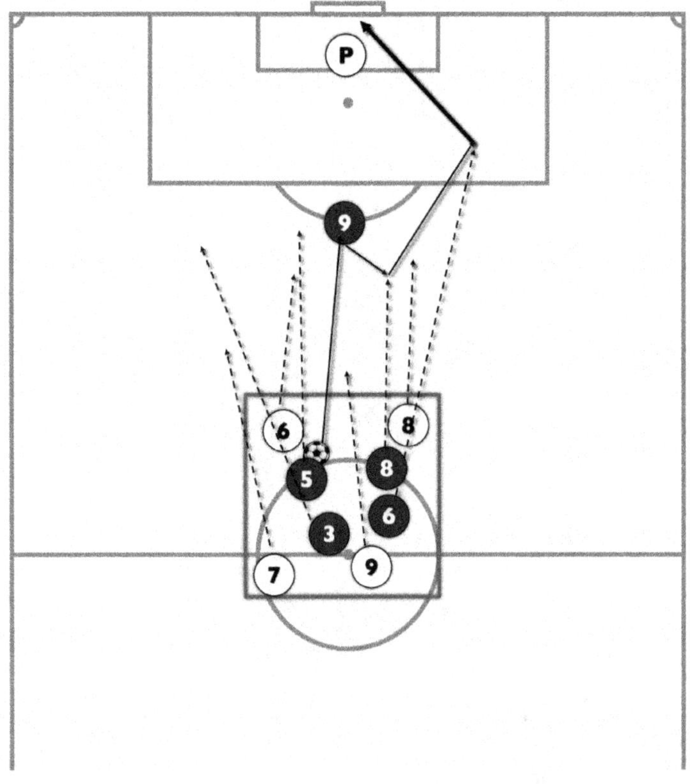

Tarea N° 33	Objetivo Principal	Mejora del concepto de *tercer jugador / tercera jugadora*
	Jugadores/as	9 (3+Px3+2)

Explicación

En un trapecio en el que el lado mas pequeño viene delimitado por la portería. Juegan 3 contra tres con una portería y dos comodines en los laterales. El gol solo vale de pase de uno de los dos comodines..

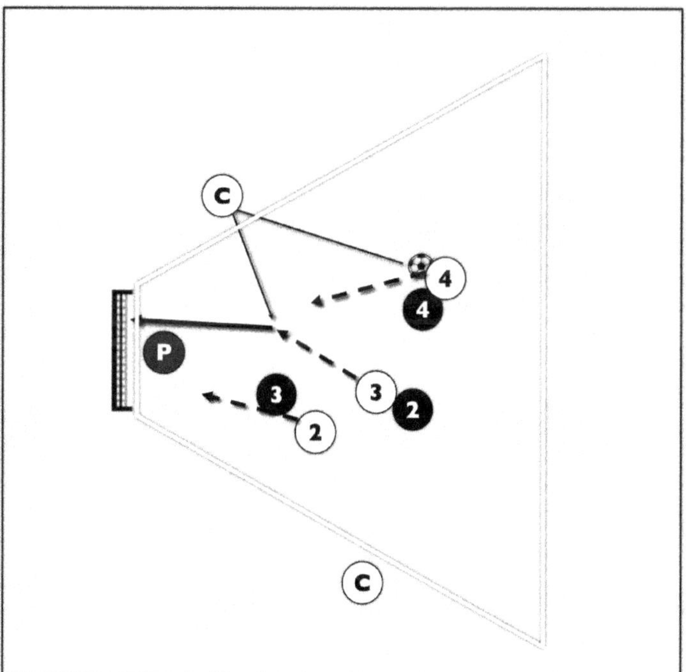

Tarea N° 34	Objetivo Principal	Mejora del concepto de *tercer jugador / tercera jugadora*
	Jugadores/as	9 (4x4+1)+P

Explicación

En un rectángulo dividido en dos cuadrados, el comodín se sitúa en cuadrado que está portero/a y la portería. Se juega 4 contra 4 en el otro cuadrado, JGS solo podrán entrar en el campo de la portería cuando jueguen con el comodín, que no podrá devolverle el balón a JG que se la pasó.

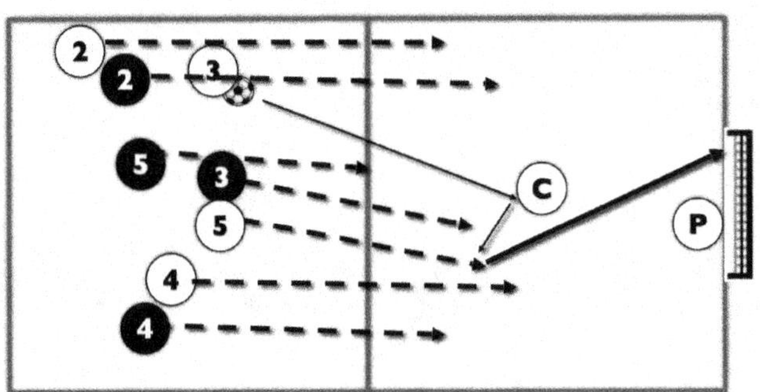

Tarea N° 35	Objetivo Principal	Mejora del concepto de *tercer jugador / tercera jugadora*
	Jugadores/as	10 (4x4+1+P)

Explicación

En un rectángulo con un pasillo cercano a la portería, se colocan dos equipos. Un equipo intentará jugar con el comodín y el otro intentará robar para ser ellos los que jueguen con el comodín, que dejará de cara a otro/a JG del equipo (distinto al que le pasó el balón) que le pase el balón para que tire a portería.

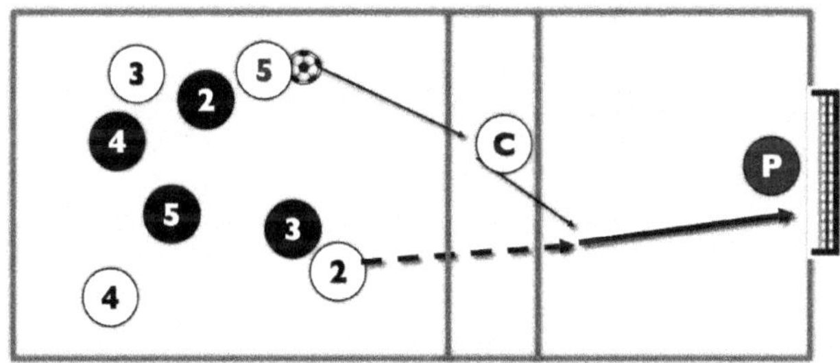

Tarea N° 36	Objetivo Principal	Mejora del concepto de *tercer jugador / tercera jugadora*
	Jugadores/as	10 (4+Px+4+1)

Explicación

JGS se distribuyen como en la imagen. EL equipo blanco hará una salida de balón buscando apoyarse en uno de los/as JGS más adelantados, que irán a recibir al rectángulo donde sólo ellos pueden entrar para dejar de cara a un compañero y hacer 2 contra 1 en cualquiera de las porterías defendidas por porteros/as.

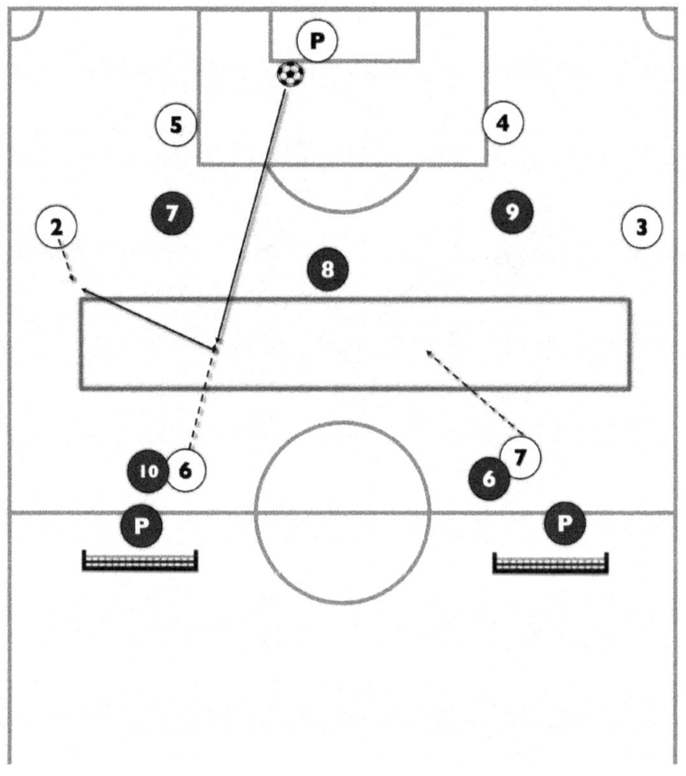

Tarea N° 37	Objetivo Principal	Mejora del concepto de *tercer jugador / tercera jugadora*
	Jugadores/as	9 (4x4+1)+P

Explicación

En un campo (rectángulo) los comodines se sitúan uno en cada banda por fuera. Se juega 5 contra 5 y cuando un/a JG pasa al comodín cambian la posición con JG que le pasó el balón (no pudiendo jugar con el). Cuando un equipo pierde el balón, los comodines ocupan su posición inicial para pasar a jugar para el equipo poseedor del balón.

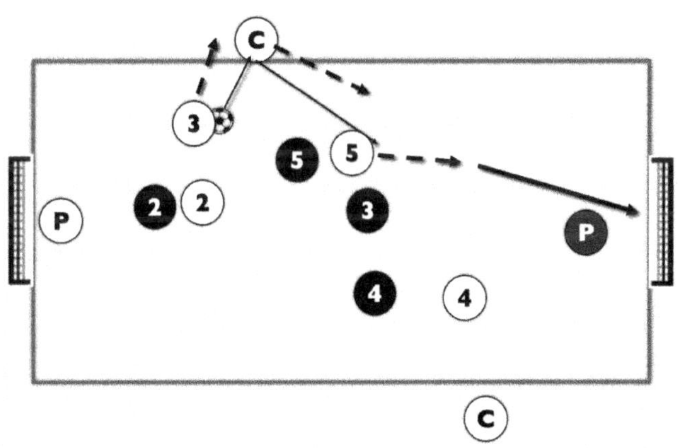

Tarea Nº 38	**Objetivo Principal**	Mejora del concepto de *tercer jugador / tercera jugadora*
	Jugadores/as	17 (5x4+P+1x4+P+1)

Explicación

En un campo (rectángulo), 5 JGS (equipo negro) atacan a la portería que defienden 4 (equipo blanco) y Portero/a. Cuando recuperan, pasan al compañero que estaba fuera, pone de cara a un compañero y atacan sobre la portería que defienden 4 JGS del tercer equipo y Portero/a, que cuando recuperan hacen lo mismo que hizo el equipo blanco cuando recuperó para atacar sobre 4 JGS del equipo negro. Así se van sucediendo las oleadas de ataques.

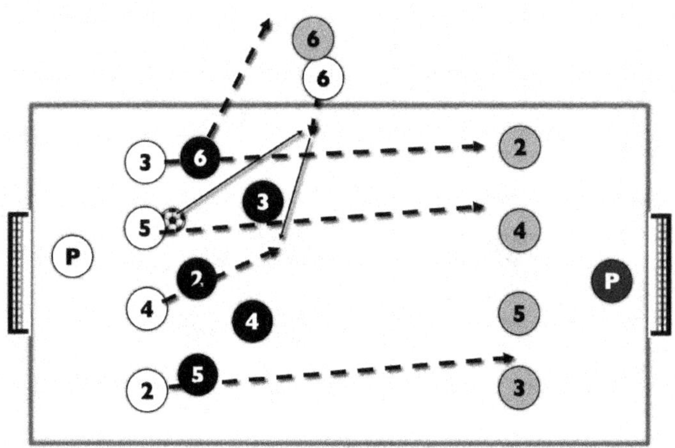

Tarea N° 39	Objetivo Principal	Mejora del concepto de *tercer jugador / tercera jugadora*
	Jugadores/as	11 (4+Px4+P+C)

Explicación

En un cuadrado dividido en dos partes con dos porterías y porteros/as. JGS atacantes y defensores no podrán salir de su mitad, el único que lo podrá hacer será el comodín que participará siempre con el equipo poseedor del balón para atacar sobre la portería rival.

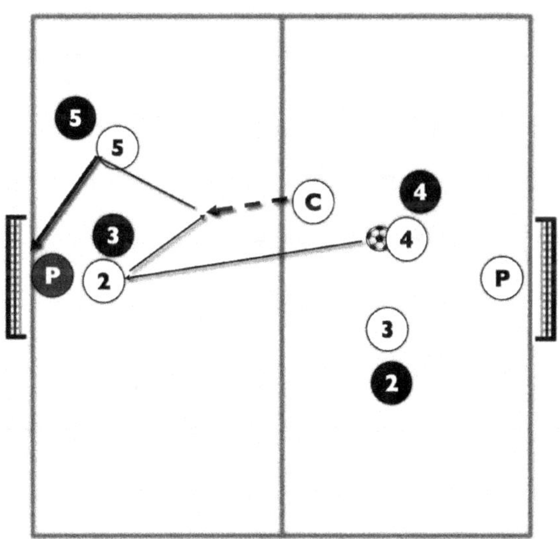

Tarea N° 40	Objetivo Principal	Mejora del concepto de *tercer jugador / tercera jugadora*
	Jugadores/as	14 (6+Px6+P)

Explicación

En un cuadrado dividido en dos partes con dos porterías y porteros/as. Los/as JGS podrán pasar a la otra mitad para atacar (cuando tenga el balón su equipo). Para defender no podrán abandonarla. No se pudiendo pasar a la otra mitad en conducción.

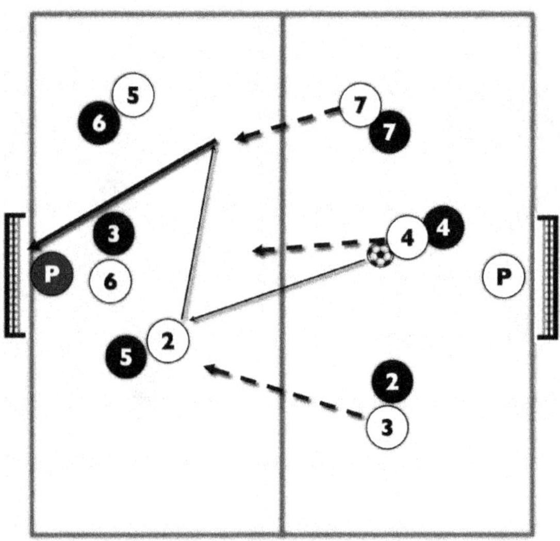

Tarea N° 41	Objetivo Principal	Mejora del concepto de *tercer jugador / tercera jugadora*
	Jugadores/as	14 (6+Px6+P)

Explicación

En un rectángulo dividido en tres campos iguales, los equipos se colocarán en la disposición de la imagen. Cada equipo intentará jugar con alguno/a de los/as JGS que están en la zona cercana a la portería que atacan. Cuando estos reciban, tendrán que pasar a alguno de sus compañeros de ataque y los defensores que estaban detrás de la línea de fondo saldrán a defender la acción y los que estaban en la zona central podrán entrar sólo para atacar.

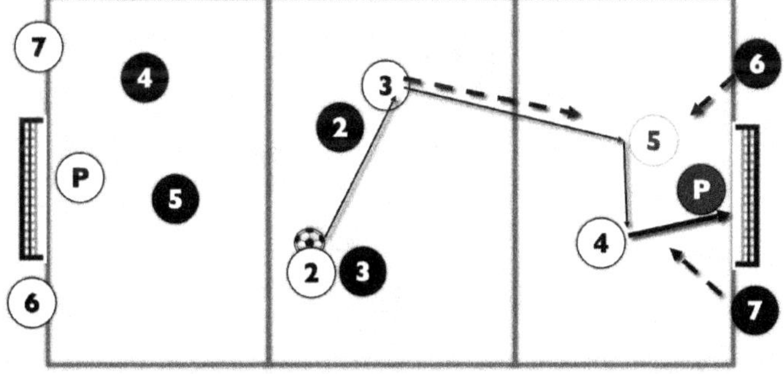

Tarea Nº 42	Objetivo Principal	Mejora del concepto de *tercer jugador / tercera jugadora*
	Jugadores/as	18 (6+2+Px6+2+P)

Explicación

En un hexágono se juega 6 contra 6 con dos JGS por fuera cada equipo y con porteros/as. Cuando un/a JG pasa a uno de los 2 que está fuera, cambian la posición entre ellos (no pudiendo devolvérsela).

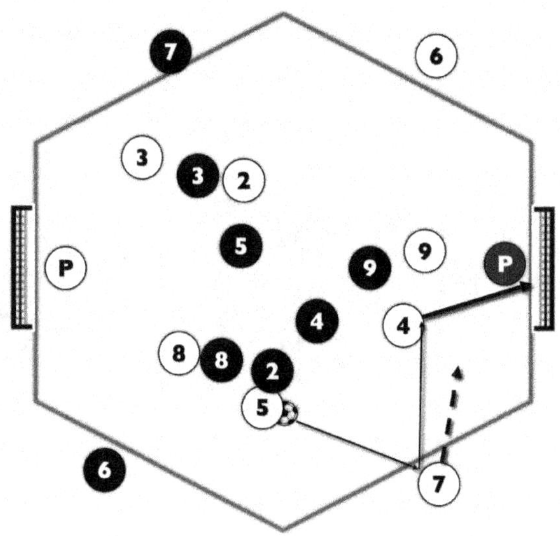

Tarea N° 43	Objetivo Principal	Mejora del concepto de *tercer jugador / tercera jugadora*
	Jugadores/as	22 (7+3+Px7+3+P)

Explicación

Partido con con un pasillo central en campo contrario para cada equipo (como en la imagen) en los que sólo pueden jugar los 3 JGS del equipo poseedor del balón cuando tiene el balón su equipo como apoyo siempre devolviendo el balón al espacio de donde vino (no necesariamente al mismo JG que se lo pasó). Cuando un equipo no tiene el balón sólo pueden interceptar los pases del rival. Los demás JGS, tendrán libertad para moverse, pero nunca podrán tocar el balón en esos pasillos.

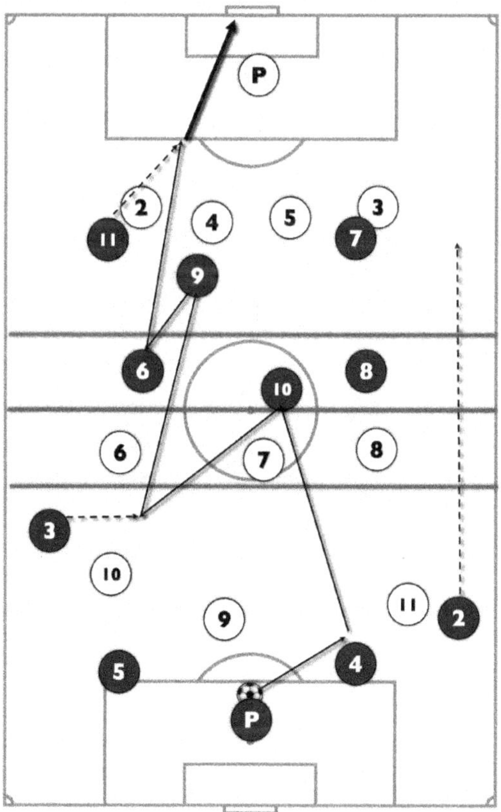

Tarea Nº 44	Objetivo Principal	Mejora del concepto de *tercer jugador / tercera jugadora*
	Jugadores/as	22 (8+2+Px8+2+P)

Explicación

Partido con con un pasillo central para cada equipo (como en la imagen) en los que sólo pueden jugar los 2 JGS del equipo poseedor del balón, cuando tienen el balón como apoyo, siempre de espaldas a la portería rival y cuando no lo tienen interceptando los pases del rival. Los demás JGS, tendrán libertad para moverse, pero nunca podrán tocar el balón en esos pasillos.

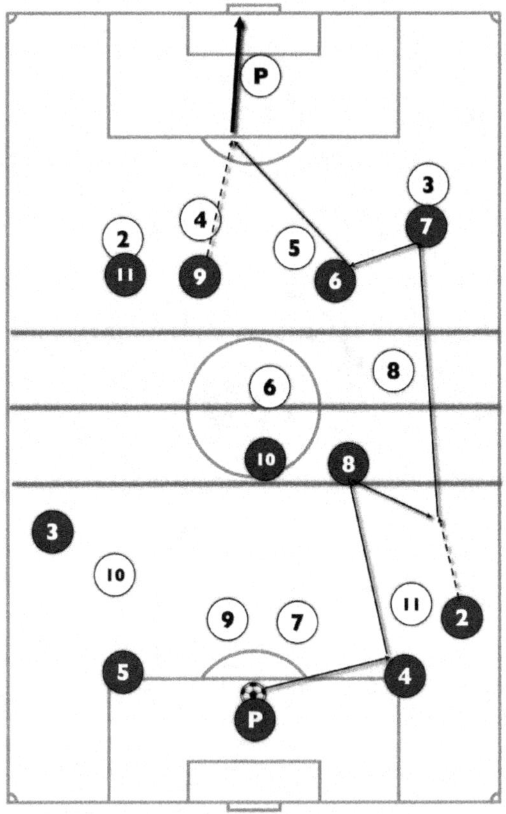

Tarea N° 45	Objetivo Principal	Mejora del concepto de *tercer jugador / tercera jugadora*
	Jugadores/as	22 (10+Px10+P)

Explicación

Partido con el campo dividido en tres zonas (cómo en la imagen) en el que los/as JGS solo pueden pasar a otra zona para atacar (su equipo tiene el balón) y nunca conduciendo. Cuando un/a JG o su equipo pierda el balón volverá a su zona de partida, no se quedará presionando en una zona que no sea la suya.

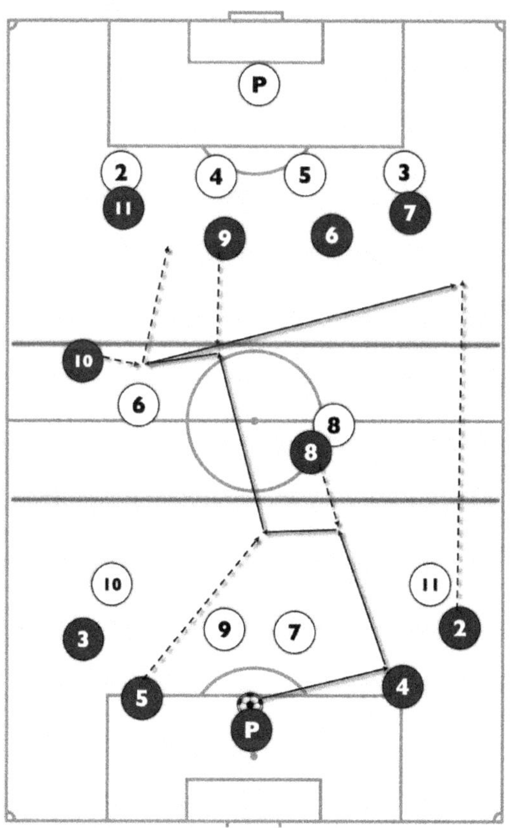

Tarea Nº 46	Objetivo Principal	Mejora del concepto de *tercer jugador / tercera jugadora*
	Jugadores/as	22 (8+2+Px8+2+P)

Explicación

Partido con el campo dividido como en la imagen en el que se reserva una franja en el centro del campo para las salidas en que sólo podrá ser ocupada por JGS del equipo poseedor del balón, pero estos nunca pueden girarse con el balón cuando reciban.

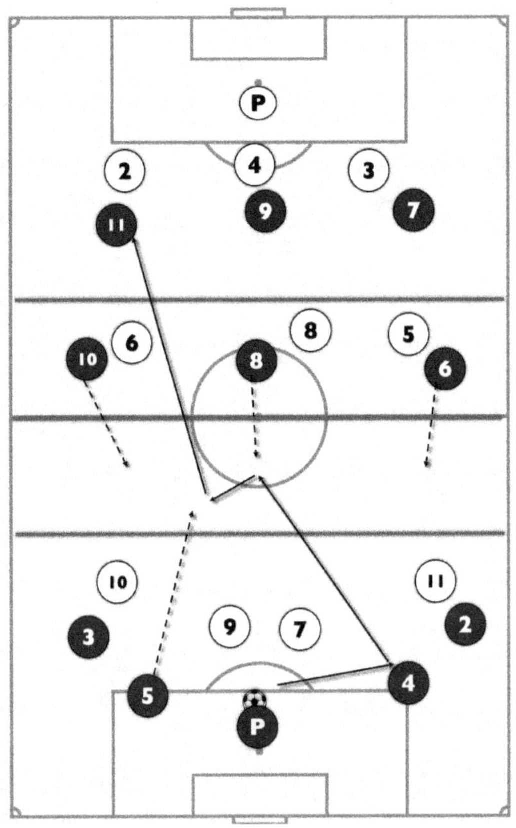

Tarea N° 47	Objetivo Principal	Mejora del concepto de *tercer jugador / tercera jugadora*
	Jugadores/as	22 (7+3+Px7+3+P)

Explicación

Partido con el campo dividido como en la imagen y con JGS distribuidos de la misma forma. Sólo podrán salir de su zona los comodines cuando su equipo esté en posesión de balón (atacando).

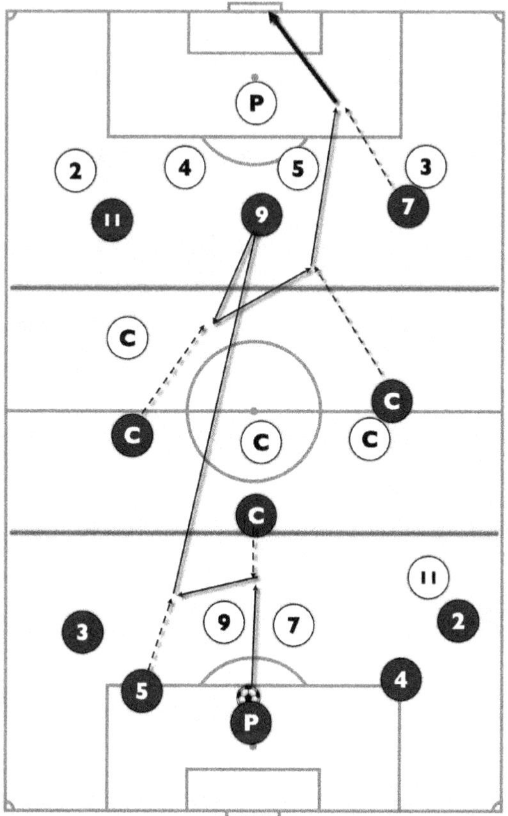

Tarea Nº 48	Objetivo Principal	Mejora del concepto de *tercer jugador / tercera jugadora*
	Jugadores/as	22 (10+Px10+P)

Explicación

Los equipos juegan un partido a campo completo con la única regla distinta que en el círculo central no puede entrar ningún JG, solo puede haber un/a JG del equipo poseedor del balón que cuando reciba jugará con otro compañero para ponerlo de cara.

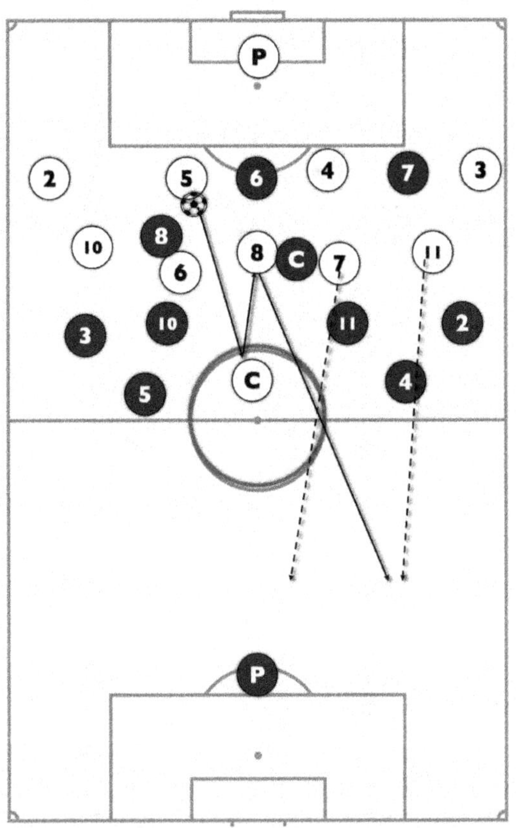

Tarea N° 49	Objetivo Principal	Mejora del concepto de *tercer jugador / tercera jugadora*
	Jugadores/as	20 (8+Px 8+2+P)

Explicación

Los equipos juegan un partido a campo completo no pudiendo ocupar la zona delimitada de las bandas, con 8 JGS cada uno, porteros/as y 2 comodines exteriores que cuando reciben no pueden pasar a JG que les pasó el balón con el que cambiarán la posición. En caso de que un equipo recupere el balón, los comodines volverán a su posición exterior para jugar con el equipo que recuperó.

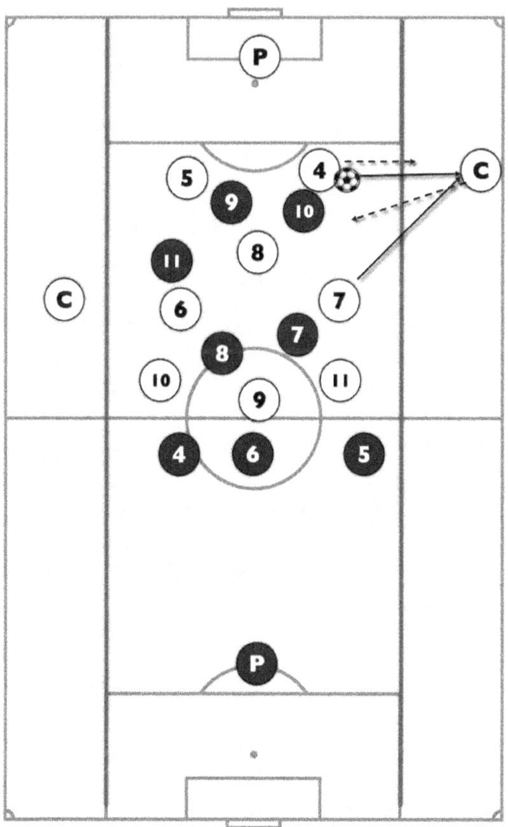

Tarea **Nº 50**	**Objetivo** **Principal**	Mejora del concepto de *tercer jugador / tercera jugadora*
	Jugadores/as	22 (10+Px10+P)

Explicación

Partido con con dos cuadrados que solo podrán ser ocupados por JGS del equipo poseedor del balón, pero no de forma simultánea (sólo de uno en uno) y nunca pueden entrar con el balón en conducción.

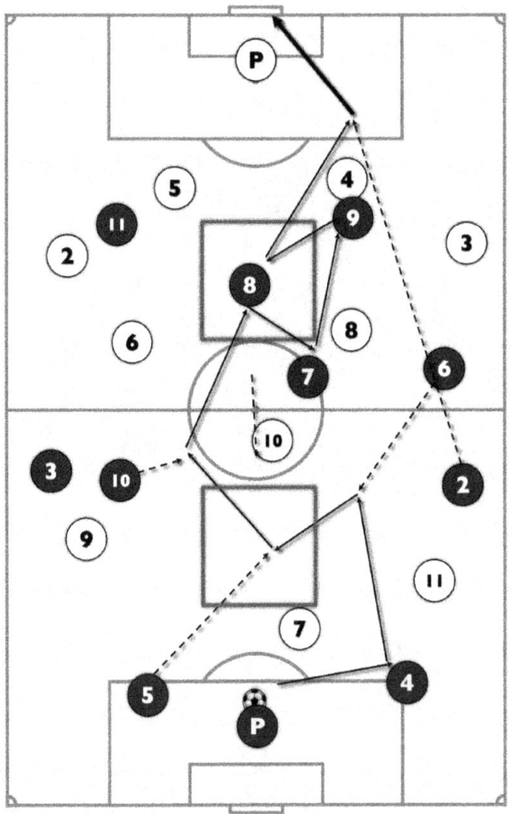

BIBLIOGRAFÍA

- Couto, A. (2015): *Las grandes escuelas del Fútbol Moderno*. Editorial Fútbol de libro.

- Castellano, Julen y Casamichana, David (2016): *El arte de planificar en fútbol,* Editorial Fútbol de libro.

- Castellano, Julen; Casamichana, David y San Román, Jaime (2015): *Los juegos reducidos en el entrenamiento del fútbol.* Editorial Fútbol de libro.

- Cano Moreno, Oscar (2010): *Fútbol: Entrenamiento global basado en la interpretación del juego.* Editorial Wanceulen.

- López López, Javier (2009): *500 juegos para el entrenamiento físico con balón.* Editorial Wanceulen.

- López López, Javier (2009): *400 tareas integradas para el entrenamiento de la táctica ofensiva.* Editorial Wanceulen.

- López López, Javier; Wanceulen Moreno, Antonio; Wanceulen Moreno, José F. y Bernal Ruiz, Javier (2009): *225 juegos para el entrenamiento integrado del pase en el fútbol.* Editorial Wanceulen.

- González, Alberto (2013): *Fútbol. Dinámica del juego desde la perspectiva de las transiciones.* Editorial Learning 11.

- Fradua, Luis (1997): *La visión periférica del futbolista.* Editorial Paidotribo.

- Mayer, R. (1996): *Fichas de fútbol. 120 juegos de ataque y defensa.* Hispano Europea. Barcelona.

- Garganta, J. y Pinto, J. en Graça, A. y Oliveira, J. (1997): *La enseñanza de los juegos Deportivos.* Editorial Paidotribo.

- Castelo, J. (1999): *Futbol. Estructura y dinámica del juego.* Editorial INDE. Barcelona.

- Caneda, R. (1999): *La zona en Fútbol.* Editorial Wanceulen. Sevilla.

- Seirul´lo, F. (1999): *Criterios modernos del entrenamiento en el fútbol.* Revista Training Fútbol. Valladolíd.

- García Ocaña, Francisco (2008): *Fútbol y Fútbol sala: 250 actividades sociomotrices.* Editorial Paidotribo. Barcelona.

- López López, Javier (2013): *Fútbol: Senior (2013): 175 fichas de sesiones de entrenamiento.* Editorial Wanceulen. Sevilla.

- López López, Javier (2013): *Fútbol: Juveniles: 160 fichas de sesiones de entrenamiento.* Editorial Wanceulen. Sevilla.

- López López, Javier (2009): Fútbol: *1380 Juegos globales para el aprendizaje y perfeccionamiento de la técnica ofensiva y defensiva.* Editorial Wanceulen. Sevilla.

- López López, Javier (2008): *Fútbol: Cadetes: 160 fichas de sesiones de entrenamiento.* Editorial Wanceulen. Sevilla.

- López López, Javier (2013): *Fútbol: Infantiles: 120 fichas de sesiones de entrenamiento.* Editorial Wanceulen. Sevilla.

- López López, Javier (2008): *Fútbol: Alevines: 120 fichas de sesiones de entrenamiento.* Editorial Wanceulen. Sevilla.

- López López, Javier (2013): *Fútbol: Benjamines: 80 fichas de sesiones de entrenamiento.* Editorial Wanceulen. Sevilla.

- López López, Javier (2009): *Fútbol: Prebenjamines: 80 fichas de sesiones de entrenamiento.* Editorial Wanceulen. Sevilla.